お世話取りに悩む前に読む

統合失調症のおたすけ
依存症

養徳社

まえがき

今年九十七歳になる母の介護をして、もう十年以上になります。

単独布教から教会を設立した初代会長（祖父）の早い出直しに、貧乏のどん底生活を経験した母。そして、信仰に燃えた父を養子にもらい、飛躍的に教勢が伸びる中、教会の火災という大節に遭遇して、文無しの教会になりました。そんな中、会長の父を支えて、「不思議ふしん」のお言葉通り立派な神殿を完成させました、以後、順風満帆の風に乗って何の心配もない中、長年の心臓の患いで、父が五十八歳で出直しました。その大節の中でも、「肝っ玉母さん」として十七年間教会長を務め、教職舎のふしんもしてくれました。

そんな母が、頸椎の手術、子宮頸がんなどを患い、歩くことが難しくなるのと並行して認知症を発症しました。何でも出来ていた母におかしな言動が多くなり、息子として、その姿を見なければならないことは実に辛いことでした。時には大きな声を出して、母を押さえつけるようなこともありました。

その母がトイレで意識不明になり、救急搬送されて入院。遠方の巡教先から入院先の病院へ駆けつけた私は、母の姿を見た時、俗にいう「まだらボケ」の母の心の内が見えた気がしました。これまで何でも出来た母が、いろいろなことが出来なくなってくる。覚えられなくなる。忘れてしまう。そんな不安と情けない自分への苛立《いらだ》ちは、私が想像する以上だったのではないかと思えたのです。

さまざまなことが理解できなくなる中での介護は、母にとって何をされるのかとの不安と恐怖から、攻撃的な言葉や暴力として表れてくるのは当然のことだと思えたのです。

すると、これまでの母に対する怒りや、衰えていく姿への情けなさがスッと無くなり、母に対して取ってきた言動への反省と、母へのお詫びの心が湧いてきました。

見える世界、聞こえる世界に生きている私たちは、どうしても見えてくることや聞こえてくる問題に心を奪われてしまいます。ましてや、依存症や統合失調症などの精神疾患で苦しんでいる人たちが引き起こすさまざまな問題は、なおさら受け止めることが難しいのが現実です。

しかし、私たちのこの身体《からだ》は、手足が勝手に動くことはありません。口が勝手に物を言うこともありません。心が、その時その時の状態によって、口や手や足を使って思いを実行するのです。ですから、病んだ心が起こす現象ではなく、その元である心にフォーカスして寄り添うことが、まず大事だということを、母の介護を通して改めて学びました。同時に、依存症も精神疾患の人たちにも同じような受け止め方で関わり合うことが、とても大切なことだと改めて気付かされました。

気付きは、私たちおたすけ人にとってはとても大事なことで、気付くためには、いつも相手を思う優しさがその元だと思っています。この優しさこそが教祖《おやさま》の親心だと思うのです。

教祖百四十年祭活動の初年度に、この本が出版されることになり、これまでの集大成ではなく、改めて今一度教祖の親心を学び、おたすけ活動へのスタートだと思っています。

この本が、教祖の親心に添い切って、難渋たすけの統合失調症や依存症のおたすけに向かう皆様のお役に立てればと願っています。

令和五年三月一日

鈴木　顕太郎

お世話取りに悩む前に読む　統合失調症　依存症のおたすけ

目　次

第三章　「べてるの家」から学んだこと

第四章　対処と治療について

第五章　統合失調症の元を尋ねて

◐依存症の回復を願って　鈴木顕太郎

第六章　行為への依存 ～ネット・ゲーム依存

第七章　その他の行為への依存

第八章　共依存とは

第九章　当事者・家族の手記

表紙カバー・カット…横田種生

統合失調症の回復を願って

廣岡 文衛

はじめに――統合失調症との出会い

「いってまいりまーす！」

今日も元気にそれぞれの「場所」に向かって出動です。

一人は精神科のデイケア、そして残りの二人は就労支援B型の作業所へ。三人に共通しているのは、統合失調症の診断がなされているということです。

一見、穏やかな一日のはじまりのようではありますが、ここに行き着くまでには、本当にさまざまな日がありました。

私は医師ではありませんし、臨床心理士でも精神保健福祉士でもありません。一人の教会長として「いんねん」の元に沢山の統合失調症の方々と出会い、多くの医療関係者やソーシャルワーカー、また教会につながる人々に支えられながら今日まで歩んでまいりました。

そんな日々を振り返りながら稿を進めていきたいと思います。

今から二十年ほど前に、私はこの美唄分教会の会長に就任したのですが、就任前からとても気になっていたことがあったのです。それは、ある初老のご婦人のことなのですが、彼女はボロボロにすり切れた服を着て、毎日大きな声で独り言をつぶやきながら、地域を徘徊しているのです。

　ここは北海道の中でも特に豪雪地帯ですので、大雪の季節など、道路脇に盛り上げられた雪の陰からそのご婦人が飛び出したりして、いつか事故が起きるのではないかとハラハラしておりました。地域の人々からも市役所や警察へ、何とかならないものかと苦情が寄せられたりもしていました。実はこのご婦人こそ、代々教会につながっていて講社となっている信仰家庭の奥さんだったのです。

　私が会長に就任する以前から、地域の方々より「あの人の家は天理教なのに教会でたすけられないのか」という声を間接的に耳にしていましたので、会長として最初に取り組むべきおたすけは、このご婦人とその家族へのアプローチだと心に決め、妻ともども通わせていただきました。

　これが、私が初めて統合失調症にかかわるきっかけとなりました。

第一章　統合失調症を病む家族

医療機関へつなぐ

このご婦人は講社づとめの時、たまたま在宅していても、とにかく家の中を落ち着きなく歩き回り、独り言が絶えず、突然何の脈絡もなく声を荒げて怒り出したりしますので、素人目にも精神を病んでおられることは明らかでした。

それでもお若い頃は、子どもを連れて教会へ参拝に来たり、ひのきしんなどにも快く参加しておられた姿を記憶していますので、あまりの変わりように驚くばかりでした。

私は地元の高校を卒業後、おぢば、上級教会、大教会と、十年あまりの伏込み生活を経て、その後七年間は兄弟教会の会長としてつとめていたことから、このご婦人とその家族との関わりが薄くなってしまっていて、時の流れの無常を痛感いたしました。

この方に三人いた子どものうち上の二人は既に独立していて、ご主人と末娘の三人で生活されていましたが、この末娘には知的障害があり、この時点では家に引きこもって部屋から一歩も出てこない状態になっていました。

ご主人が日常の家事をされていましたが、奥さんの状態については「ちょっと調子を崩しているだけで、そのうち良くなると思うから」と話され、これまで一度も病院で診察を受けたことがありませんでした。

しかし、そういう状態になって既に数年が経っており、おさづけの取次ぎのお話をしても、「私は病気なんかじゃないよ！」と強く拒否されてしまいますので、引きこもっている娘へのアプローチもさることながら、まずはこの奥さんを医療機関へつなげることが大切と判断しました。

当初、妻の受診に消極的だったご主人も、私達夫婦の説得で医療機関への受診に同意してくれました。しかし、当の本人が完全に拒否しますので私達も困り果て、市役所の福祉課へ相談に伺ったのです。

市役所では、このご婦人への苦情が寄せられていたこともあって、とても歓迎されました。役所としてはどうすることもできず困惑していたとのことです。そこへ、私達がご主人を説得した上で市役所を訪れたわけですから、それからの動きはとてもスピーディでした。相談の結果、まずは何とか入院してもらおうということになったのです。

ここで、精神科病院への入院の代表的な三つの形態について触れておきます。

本人自らの意思で受診し、医師が入院の必要を認め、本人同意の上で入院するのは、「任意入院」です。

次に、本人は希望せず、むしろ拒否しているような状況にあるけれど、医師（精神保健指定医）が診察を行って入院の必要を認め、家族などのうちいずれかの者が同意をして入院させるのは、「医療保護入院」です。

最後に、入院させなければ自らを傷付けたり、または他人に危害を加える恐れがあるのにもかかわらず、本人が同意しない場合、精神保健指定医二名の診断と都道府県知事の承認のもと、強制的に入院させるのは「措置入院」です。

福祉課との相談によって紹介された精神科病院を訪ね、医師が出した結論は、医療保護入院の必要性が高いということでした。とはいっても医療保護入院には、医師に診察してもらう必要があります。しかし当の本人は頑なに病院へ行くことを拒否しています。

そこで医師が提案してくれたことは、まず診察の期日を決めること。そして自宅または路上で本人の診察を行い、入院の必要が認められた場合は、待機させた病院の搬送車に乗せてそのまま入院させるというものでした。

誰もがなり得る疾患

医師と日程を調整して期日が決まりました。基本的に私達は第三者ですので、当日はご主人が立ち会うことになり、ご主人の同意書も事前に用意しました。

医師との相談の中、家族以外で急な対応にあたることのできるキーパーソンを引き受けてもらいたいとの要望を受け、留守が多い私ではなく、妻がキーパーソンとなっていたのですが、いよいよその当日、妻の携帯電話に医師から電話が入りました。

本人は在宅していたけれど、立ち会うことになっていたご主人が不在なので、ご主人に代わってキーパーソンである妻に立会人になってもらいたいとのお願いでした。

当日、私はおぢば帰り中で不在でしたので、妻が一人で駆けつけたのですが、奥さんの身体を病院の職員数名で拘束しようとするのに必死に抵抗している場面に出くわしてしまったのです。その異様な状況を目にして涙が止まらずにいる妻へ、医師が「本人のためですから。これから良くなっていくんですよ。本人のためなんです」と繰り返しなだめてくださったそうです。

抵抗する中で打たれた鎮静剤が徐々に効き、力が失せたところで担架にて搬送車に乗せられ、そのまま入院となりました。この時に下された診断名は、統合失調症でした。

統合失調症はかつて「精神分裂病」と呼ばれていましたが、平成十四年から現在の「統合失調症」に変更されました。

この病気は、思考や行動、感情を一つの目的に沿ってまとめていく統合能力が長期間にわたって低下し、幻覚や、妄想、ひどくまとまりのない行動が顕著《けんちょ》となる病気です。

健常者であっても、お酒で酩酊《めいてい》したりすると、会話に加わっているつもりで、自分なりに考えて話していると思っていても、実際には支離滅裂な発言をしていたりと、統合機能が揺らぐことがあります。

また、疲労や過度のストレス、大きな不安を抱えながら継続される身体疾患の治療などによってもこの揺らぎが起こり、統合失調状態となることがあります。

そういった不安定な状況が長引いている経過中に、妄想や幻覚などが現れて六カ月以上持続し、それを改善するために投薬やさまざまな治療、リハビリを必要とする状態になってしまうのが統合失調症です。

つまり、誰でもなり得る疾患であり、一生の間にこの疾患になる率は、諸外国でも日本でも約一％。つまり百人に一人というデータがそれを裏付けています。ちなみに病気というものは、国や民族、食文化などの違いによって発症率にバラつきが出ます。たとえばアメリカでは肺がんが多く発症しているのに対し、日本では胃や腸などの消化器官のがんが多いなどです。

しかしこの統合失調症は、どの国や民族でも発症率に差異がなく、そういう意味で他の病気とは違う特質があります。加えて慢性的な病気は、加齢とともに徐々に病状が進んでいくのに対し、統合失調症は加齢とともに軽症化していく病気です。この二点に関して、統合失調症はとてもユニークな病気であると言えるでしょう。

私達夫婦は、この家族のおたすけを通して、この統合失調症と深く関わっていくことになってゆくのです。

部屋に閉じこもりの末娘

統合失調症の奥さんが入院のとき、立ち会うことになっていたご主人が当日不在だったわけですが、その理由を後日ご主人に尋ねたところ、妻が連れていかれる姿を見るのが忍びなかったとのことでした。そもそも、そのうち良くなるだろうと思っていたご主人ですから、その気持ちを察すれば、致し方ないことかもしれません。

入院後は三カ月あまり面会ができませんでしたが、面会の許可が出た頃には病状もかなり安定し、私との会話にも正常な受け答えができるようになっていました。何よりも私が帰るとき、病棟のエレベーター前まで見送りにきてくれたときは思わず目頭が熱くなりました。

いろいろありましたが、無事に奥さんの治療にこぎ着けたあと、家にはご主人のほかに一人部屋に閉じこもっている末娘が残されていました。

彼女は当時二十歳前で、部屋のドアの前で声をかけるところから始まりました。年頃の娘さんでもあり、彼女のもとへは主に妻が足繁く通ってくれたのです。

最初はどんな声掛けをしても無反応だった彼女でしたが、徐々に反応が返ってくるようになりました。お互いにドア越しの会話を通して親しみが湧いた頃、妻が「ずっと今の自分のまま、変わりたくない?」と尋ねましたら、「ずっとこのまま、イヤ」という返事があり、初めて部屋のドアを開けてくれたのです。

部屋に入れてくれるようになってからは一層心の距離が縮まり、家の外にも二人で出かけられるようになり、笑顔も増えていきました。

彼女には生まれつきの知的障害がありましたが、母親の強い要望で特殊学級（当時）ではなく小学校の普通学級へ入学しました。授業についていくこともままならない状態で、休みがちではありましたが中学校も卒業し、その後通信制高校へ進んだものの単位を取れないまま退学となって、その後は家に引きこもるようになってしまったのです。彼女の母親が統合失調症を発症する背景には、そういった子育てのストレスも遠因にあったと感じます。

母親が精神科病院へ入院したあと、父親と二人で生活していたのですが、のちにその父親が脳梗塞となって入院し、手術を受けることになってしまったのです。父親の手術は無事に終わったものの半身に麻痺が残り、長期の入院を余儀なくされました。彼女は一人で生活することはできませんので、それを機に教会へ住込むこととなりました。

遺伝は素因の一つ

父親の入院中、彼女は妻が整えた洗濯物の着替えを持って病室を往復し、彼女なりに一生懸命親孝行していましたが、父親の容態が安定してきた頃、彼女に変化が現れてきたのです。

ある深夜、突然彼女が「窓の外に大天使がいる。私を呼んでる！」と騒ぎだしたのです。まったく突拍子もない訴えに私も妻も当惑し「大天使どころか外には誰もいないよ」と、なだめることしかできません。それからは大天使が呼んでいるとか、悪魔が自分を殺しにくるとか、騒々しい夜が続きました。

彼女の母親が統合失調症を発症して入院していることもあり、一度病院で診察を受けることにしました。事前に母親の主治医に相談したところ、もし彼女も入院となった場合、母親と同じ病院では双方に良くない影響が考えられるとのアドバイスを受けて、彼女は隣町の病院を受診しました。受診の結果、彼女も統合失調症を発症しているとのことで、父親の退院と入れ替わるように入院となりました。

彼女が訴えていた大天使や悪魔について、これは後日、彼女の実家の部屋を片付けていた時にわかったことですが、部屋の中から某宗教団体の小冊子がたくさん出てきて、そこに大天使や悪魔が登場するのです。

玄関の正面に彼女の部屋があり、玄関での話し声はすべて彼女が感知できる状態でしたので、母親の徘徊もあって日中は施錠していない玄関から、布教目的で入ってきた人物が彼女に声をかけ、終末思想などを説いては小冊子を置いていくということが続けられていたようです。共に住む母親の症状に加え、そういったやりとりが彼女の心に影を落として人との接触を拒み、妄想や幻覚を生んでいったのかもしれません。

統合失調症と遺伝の関係について、遺伝が原因だと大きく誤解している発言を耳にすることがあります。

たとえば同じ遺伝子を持っている一卵性双生児が、二人とも統合失調症を発症する確率は約五十％です。数字だけ見ると遺伝的要素は否めませんが、まったく同じ遺伝子を持っていても発症率が約五十％ということは、遺伝ばかりが原因ではないことを逆に裏付けています。現代の医学をもってしても、統合失調症の発症原因は特定されていません。さまざまな精神的、肉体的ストレスに晒《さら》され続けるような環境に、遺伝的素因が重なって発症するといわれます。遺伝は素因の一つであって、あくまでも原因ではありません。

遺伝などの素因の影響は、糖尿病や高血圧症が禁酒禁煙や塩分糖分を控えるなど環境を整えることで、素因を持っていてもこれらの疾病を予防できるように、統合失調症も不安や疲労などのストレスをしっかりと癒しながら過ごすことで、発症を回避することができると言えましょう。

「親の育て方が悪かったから」などという育て方の影響を指摘する声を耳にすることがありますが、そういうことはありません。しかし、親の虐待などがあれば、そのストレスが子どもの精神を蝕《むしば》み、発症してしまうことは有り得ると思います。

《参考資料》

・「医療保護入院制度について」厚生労働省ＨＰ
・「統合失調症とは何か」公益社団法人　日本精神神経学会ＨＰ
・「統合失調症」厚生労働省ＨＰ

第二章　統合失調症の症状と入院

四段階の症状経過

症状の経過は一般的に、前兆期、急性期、休息期、回復期という四つの段階で経過するといわれます。

前兆期の症状は、眠れなくなったり、物音や光に敏感になったり、焦りの気持ちが強くなったりします。しかしこれらは誰でも経験し得ることですので、本人も周囲も変調に気付かないことが多いともいえます。

急性期は、これらの変調のあと不安や緊張感が高まって極度に過敏となり、幻覚や妄想にとらわれて興奮し、本人も周囲も混乱状態となります。盗聴されているとか、自分は他人からバカにされているというような被害妄想が目立ちます。また、彼女のように天使や悪魔がささやく声が聞こえたり、その姿が見えたりというような、これら急性期の症状を陽性症状といいます。

急性期が落ち着くと、休息期に入るといわれます。休息期というと聞こえは良いのですが、実際は無気力で感情の起伏が乏しくなり、部屋に引きこもっていつも寝てばかりいるような状態となります。急性期にエネルギーを使い果たしたことが原因とも考えられていますので、消耗期ともいわれます。このように一見すると、うつ病のような状態になってしまう症状を陰性症状といいます。

あせらず、服薬を継続しながら徐々に生活のリズムを整えていきたいものです。目に映る状態は無気力でも、当人の内面はとても不安定な状態ですので、ちょっとした刺激がもとで急性期の症状に逆戻りすることがあります。世話する側も落ち着いた環境作りに努めることが大切だと思います。

回復期になると無気力な状態から脱していき、徐々に行動力がついてきます。しかし、人によっては認知機能障害が現れることもあり、生活能力や社会性の低下が見られるようになることがあります。たとえば洗濯が終わったら次に干して乾かし、そののちに畳んでタンスに片付けるなどといった一連の作業が、いちいち指示しなければできないような状態となってしまうことがあります。

統合失調症の症状は、まさに百人百様で、必ずしもこのような経過を辿るというわけではありません。しかし、これまで関わってきた患者の中には、急性期の症状が現れたその日に入院し、三カ月の治療ののち無事退院でき、予後も良好で、現在はごく普通に社会人として過ごせている人もいます。

統合失調症も他の疾病と同様、早期発見、早期治療がいかに大切であるか身にしみて感じています。

繰り返す入退院

さて、大天使や悪魔の幻聴と幻覚に混乱を極めた彼女でしたが、それでも三カ月の入院治療を経て落ち着きを取り戻し、無事に退院することができました。

実家では母親の入院は継続しているものの、父親は身体に麻痺の残る状態ですので、主治医と相談の上、退院後は教会で生活することを条件として退院の許可が下りたのです。

教会では毎日彼女におさづけを取次がせていただき、症状が再発せぬように祈りつつ、懸命にお世話をさせていただきました。しかし、半年が経過しようという頃、また彼女の言動に異変が現れてきたのです。

毎日落ち着きなく歩き回ったり、一日に何度も服を着替えたり、目を離すと勝手に外出してしまうのです。そうして徘徊を繰り返しては近くの病院や郵便局へ行き、理解のできないことを言うようになり、警察に保護されたことも何度かありました。

夜もほとんど眠れていない状態になってしまいましたので、主治医と相談し、診察の結果、再入院となってしまいました。

自分なりに精一杯お世話してきたつもりでしたが一転、再入院となってしまったことには多少なりともショックを受けました。

措置入院と医療保護入院

ここで入院費用について触れておきたいと思います。

都道府県知事の権限で入院した措置入院の場合では、食事代も含め入院費用は公費負担となりますので、個人が消費する嗜好品などの費用以外の出費はありません。しかし現在は、入院する時点では措置入院という形であっても、措置入院期間は最初の五日間のみで、六日目からは医療保護入院に切り替えられるケースがほとんどです。

医療保護入院の場合の費用は、任意入院の場合と同じ費用がかかります。つまり七十歳未満の場合、原則その費用の三割を負担しなくてはなりません。ですから、他の疾病と同様、高額療養費支給申請を行って健康保険限度額適用認定証を準備しておけば、入院費用支払いの時も限度額の支払いで済みますので、入院後でもかまいませんので早急に市町村の窓口で申請しておく必要があります。

また入院が長期にわたり、入院費用を本人も家族も負担することが困難になった場合は､本人を世帯分離し､単独世帯にして生活保護申請を行う必要が生じることもあるでしょう。

また一口に精神科病院といってもさまざまです。地域の評判なども病院選びの基準になろうかとは思いますが、私個人の経験では、病院のスタッフに専門医のほか、臨床心理士や精神保健福祉士、また作業療法士が常勤していてデイケアを併設しており、入院病床がなくても入院施設との連携が取れている病院が望ましいと思います。

初めての受診や入院の際は、できる限り医療保護入院ではなく、本人が納得して任意入院することが望ましいのですが、多くの場合、本人は受診や入院を拒否してしまいます。

そのような時は、たとえば最近よく眠れないとか他に体調不良があれば、そのことへの診察のみで心療内科や精神科がある総合病院への受診を促してみるのも一つの方法です。

この場合、事前に病院の心療内科や精神科に連絡の上状況を伝えて、まず他の科を受診するけれど、その科から精神科（心療内科）にカルテをつないで同日のうちに両方を受診できるように相談をしておくと良いでしょう。

最初にかかった医師から「他にも気がかりな点があるので、このあとカルテを回しますので一度心療内科で診察を受けてください」などと言われると、あっさり受診してくれることがあります。まさに白衣の魔力です。

以前、お世話していたある青年のことですが、真冬に二十㎞あまりの距離を吹雪の中、自転車で教会までやって来て、私たちの知らぬ間に教会の倉庫で寒さに震えながら夜を明かしていたことがありました。彼が言うには、仏様から部屋で寝てはいけないと厳命を受けているというのです。なんとか彼も医療機関へつなげたいと思い、いつもお世話になっているクリニックの医師に相談しましたら、倉庫で寝ている時に連絡をくれたら、その現場へ行って即、診断を行って医療保護入院してもらうことも可能とのありがたいアドバイスをいただきました。

統合失調症のおたすけには、信頼し合える医師との関係をいかに構築するかということも大切なポイントといえるでしょう。

再発を繰り返す患者の共通点

再発を繰り返す統合失調症患者には、ある共通点が認められるといいます。それは本人の周囲、おもに家族など生活を共にする人々の接し方にあるといいます。その接し方のポイントとして、家族が高ＥＥであるか低ＥＥであるかによって再発率に大きな違いが生じるというのです。

ＥＥとはExpressed Emotion（感情表出）の略で、つまり家族が本人に対してどのような感情を持って接しているかということ。症状が治まって退院してきた本人に対して、ついつい説教じみた小言を聞かせてしまったり、本人の言動にイライラして怒りをぶつけるなど、批判や敵意を晒したり、また時には過度に本人をかばうなど高ぶった感情で接してくるような家族を高ＥＥ家族といいます。低ＥＥ家族と比べると、高ＥＥ家族に身を置く人の再発率は四～五倍にもなるといいます。

何とか早くに回復してほしいと焦る気持ちが、ついつい強い口調になってしまったり、おかしなことを言うたびに神殿へ連れていっておさづけを取次いだりと、今にして思えば、私はかなり高ＥＥな接し方をしていたと反省するのです。「早く回復してほしい」と言えば聞こえは良いのですが、本音は「早く回復して自分が楽になりたい」というエゴが大部分を占めていたと思います。

統合失調症の方に限らず、すべての人に低ＥＥで接していけたなら、それはもう立派な「里の仙人」です。しかし当時は一生懸命に関わることが、おたすけの基本だと信じて疑わず、一生懸命にもいろいろあるということを後々学ばせていただきました。

親神様は、このような疾病を通して私たちに陽気ぐらしの歩み方を示してくださっているのでしょう。

今、彼女は教会の中では妻を中心によく笑い、時に聞こえる幻聴をも楽しみながら生活しています。しかし、このようになるまでには、まだまだ長い時間がかかりました。何よりも、自分の焦りに気が付いていませんでしたので当然かもしれません。

おさづけの取次ぎ方

統合失調症に限らず、精神疾患を持つ方の中には、人と真正面に向かい合って対座することに不安を感じる方もおられます。そういう方へおさづけをお取次ぎさせていただく場合は、後ろを向いていただき、頭頂部から背中へとお取次ぎさせていただくと良いでしょう。また病気によっては三日の間など、短期間での回復を期待できるものもあるでしょうが、こと精神疾患に関しては、回復には年単位というたっぷりとした時間が必要です。

妹くらさんの精神の身上おたすけを願い出られた辻忠作先生に対して教祖は、「ひだるい所へ飯食《まま》べたようにはいかんなれど、日々薄やいで来る程に」(『天理教教祖伝』第三章)とお諭しくださいました。教祖は、一夜の間にもというような鮮やかなおたすけをお見せくださる一方で、こと精神の身上に対しては「焦ってはいけないよ」と仰せられているように感じます。

数年間にわたって入退院を繰り返した彼女でしたが、教会の生活にもやっと慣れた頃、彼女の母親が入院していた精神科病院から突然、危篤という知らせが舞い込みました。入院中にひいた風邪から肺炎となり、重症化してしまったのです。知らせを受けてから三日ほどで、母親は儚《はかな》くも出直していかれました。

教会で葬儀を行い、ほどなくして彼女は大きく調子を崩しました。健常者であっても母親の出直しは大きなショックです。彼女はまた精神科で病床の身となってしまいました。

入院中、激しい症状を抑えるために、かなり強い薬を投薬せざるを得ません。今まで出来ていたことが全てできなくなってしまい、入浴やトイレ、食事さえも介助を必要とする状態になり半年が過ぎた頃、妻が主治医に「この子は回復できるのでしょうか？」と尋ねました。主治医の説明では、彼女は統合失調症に加え、生まれつきの知的障害もあり、今このように悪化してしまっては回復はとても難しいとのことでした。

「入院を続けても回復できないなら、退院させて連れて帰ってもいいですか？」と妻。この申し出に主治医もかなり驚き、悩まれたようでしたが、彼女と私たちの関係や、特に我が子以上に親身に世話取りを続ける妻の姿を見守り続けてきた主治医でしたので、「生活の場所が彼女の実家ではなく、教会で廣岡さんが面倒を見るのなら特別に退院の許可を出します」

と言ってくださり、ほぼ寝たきりに近い状態だった彼女を教会へ連れて帰りました。
当時の教会には、すでに複数の精神障害を持つ方が住込んでいましたし、毎日のように問題が発生する状態でしたが、現在は部内教会長となっている住込み役員夫婦も大いに力となって、彼女が一度失ってしまった生活能力を、再びみんなで一つずつ拾い集めるような生活が始まりました。

《**参考資料**》

・「感情表出と再発率について」東邦大学医療センターＨＰ

第三章　「べてるの家」から学んだこと

「べてるの家」との出会い

彼女は食事をするにも、箸はおろかスプーンすらも手元から滑り落ちてしまう状態でしたので、食事やトイレ、お風呂も乳児を扱うように妻が世話をしてくれました。

こんな生活がいつまで続くのだろうかと思っていた頃、ある先輩教会長から依頼を受けて、新千歳空港から浦河町《うらかわ》にある「べてるの家」まで運転手をすることになりました。

「べてるの家」は、浦河赤十字病院の精神科を利用する当事者たちが日本キリスト教団浦河教会に集うようになり、牧師夫人と元々病院のソーシャルワーカーだった向谷地《むかいやち》生良《いくよし》さんの計らいで、地元の水産加工会社から日高昆布の袋詰めの内職を請け負って作業をするようになったことに始まります。

昭和五十九年、精神障害等を抱えた当事者の地域活動拠点として設立し、その後に法人化された社会福祉法人浦河べてるの家、有限会社福祉ショップべてるなどを総称して「べてるの家」と呼んでいます。

「べてるの家」の利用者は、主に町内に複数あるグループホームから通い、作業所での仕事や障害へのケアも共に受けています。

実際に訪問してみて最初に驚いたのは、事務所に掲げられていた「べてるの家」の理念です。たくさんあるので、その中のいくつかを書き出してみますと、「三度の飯よりミーティング。安心してサボれる職場づくり。公私混同大歓迎。手を動かすより口を動かせ。偏見差別大歓迎。勝手に治すな自分の病気」などなど。これは何かのジョークか、はたまた文言の裏に深い意味が隠されているのかとも考えました。確かに言葉のインパクトの裏側に隠された意味はあるのですが、約二時間あまりの見学を終えてわかったことは、やはりこの理念に沿って運営されているという事実でした。

施設内にはさまざまな人が出入りしていて、どの人が病気の当事者で、どの人が健常者スタッフなのかも見分けが付きにくく、もっとも当事者でありながら施設のスタッフとして勤務している方も複数おられます。

さっそくさまざまな現場を案内していただき、導かれるままに施設が運営する喫茶店に入って、案内役の女性にいろいろお話を伺いました。彼女曰く、

「皆さん、私のことをひょっとしたら病気の当事者かなと思っておられるかもしれませんが、それは当たりです。実は三日前に日赤病院の精神科を退院したばかりです。べてるの家には長く在籍しているのですが、三カ月ほど前から幻覚がひどくなり、主治医と相談して入院していました。元々幻聴もあるのですが、その時は主治医にお願いして、なるべくなら幻聴を残して幻覚だけ出なくなるように治療をお願いしたんです。だってこんな田舎に住んでいたら、幻聴だけが楽しみの種ですから」

そう言ってニコニコと笑顔を浮かべるのです。私はその時、まさに教会でその幻聴と幻覚に振り回されて苦しんでいる人と悪戦苦闘していたわけでして、その幻聴を聞くことが楽しみだという彼女の話を、すぐには理解することができませんでした。

ユニークな「幻覚&妄想大会」

この「べてるの家」では毎年「べてるまつり」という行事が実施され、国内はもとより世界各地から当事者や研究者などが集まって、さまざまなイベントが繰り広げられます。べてるまつりのメインイベントと言われるものの一つに「幻覚&妄想大会」があります。これはエントリーした当事者たちが、まるで「青年の主張コンクール」のように、一年の間に経験した幻覚、幻聴や妄想のエピソードを一人ずつ発表し、もっともユニークなものにはグランプリが授与されるのです。この訪問時には、前の年の幻覚&妄想大会の様子を収めたビデオを見せていただきました。

特に強く記憶に残ったエピソードは、中年男性の発表で、何故か妊娠してしまったという妄想に取り付かれ、しかも出産予定日までわかっているという奇妙奇天烈なものでした。出産予定日になっても誰もまともに相手にしてくれない彼は、人知れず出産準備に取り組んだものの、予定日を過ぎても何のおしるしもなく、そのうちに妄想であったと自覚することができたけれど、大変な思いをしたという苦労話でした。他にもユニークな発表が続きましたが、グランプリはやはり想像妊娠の男性でした。

授賞式では、観覧席にいた男性の年老いた母親もステージ上に招かれ、司会者からマイクを向けられた母親は、「息子が病気になってからは一つも良いことがないと嘆いていましたが、今日はこんなに素晴らしい賞をいただいて本当に嬉しいです」と喜びのメッセージを述べておられました。まるで年末の「レコード大賞」新人賞の受賞シーンを見ているかのようです。

正直申して目から鱗《うろこ》というより、受けたカルチャーショックの方が大きくて、自分の中で消化できるようになるまでさらに時間がかかりました。しかし、教会へ帰ってからさっそく実践したのは、彼女におさづけをお取次ぎする際に、「幻覚や幻聴が無くなりますように」というお願いをやめることでした。その代わり「見えても聞こえても構いませんので、当人にとって陽気なものになりますように」とお願いさせていただきました。

妻や多くの人々の支えのもと、徐々に生活能力を取り戻していった彼女でしたが、幻覚や幻聴は相変わらず消えませんでした。もとより主治医から、「彼女の場合、幻聴や幻覚は一生消えないと思います」とも言われていました。しかし、べてるの理念を私なりの理解の仕方ではありますが、教会家族同士で実践し、生活していく中で少しずつ彼女に変化が現れてきました。

医師との問診に立ち会う

まず、あれほど彼女を苦しめていた悪魔などの幻覚が、ある時パンダに変わりました。「窓の外にパンダがいます」と彼女。「あっ、そう。パンダならみんなに可愛がられるし、そのうち保護されて動物園とかに連れていってもらえば飢えて死ぬこともないし、見物客も喜ぶし、悪いことは一つもないから大丈夫だねぇ」と私。

またある時は、「最近、耳のそばで『最近頑張ってるな』って言われます」とも言うようになりました。

彼女は、あるビジュアル系バンドのギタリストの大ファンなのですが、ある日の朝づとめのあと、彼女が一人でクスクス笑っているので「どうしたの？」と尋ねると、「さっき、ギタリストの彼から結婚してほしいって言われました」との話。これはこれで羨ましい話だなと思うと同時に、「べてるの家」を案内してくださった方が「こんな田舎に住んでいたら、幻聴だけが楽しみの種ですから」と言っていた話を思い出しました。

有難いことに徐々にではありますが、彼女は聞こえることには現実のものと幻聴のものがあるということを理解できるようになり、自分でどちらか判別が付かない時は尋ねてくれるようになっています。

このようにして少しずつ元気を取り戻していった彼女には、一つの自慢話があります。それは主治医から言われた言葉です。

「私は精神科医として長い間たくさんの人を治療してきたけれど、その中にとても病状が重かったのにも関わらず劇的に回復した人が三人います。あなたはその中の一人です」と言われたことです。もっともその時は妻も共に診察室にいて、その言葉を聞いたのですが、これは妻もとても嬉しかったと言っていました。

ここで大切なことを付け加えておきます。それは、精神科での診察の際は当人だけではなく、必ず誰か（保護責任者）が一緒に診察室に入って、医師と当事者との問診に立ち会うということです。

医師は限られた短時間の中で患者の様子を聞き取って、治療や投薬内容を吟味します。たとえば、受診の際によく医師から聞かれるのが「夜は眠れていますか?」という質問。それに対して本人が「はい」と答えたら、医師は睡眠には問題がなさそうだと判断します。しかし、実際は夜中にウロウロして眠れていなかったりするようなこともあります。

そんな時、本人のいる所で実際は眠れていないことなどを指摘した場合、興奮して否定するような状況が予見できる時は、医師に「先生、少しいいですか?」と言えば察してもらえるので、一旦本人が診察室を出てから医師と家族（保護責任者）の間で問診でのやりとりと実際との相違点や、心配に思っていることを伝えるようにしたいものです。

当事者研究

統合失調症を患う方たちは、さまざまな生きづらさを抱えています。幻聴や幻覚、妄想に振り回されることをはじめ、精神障害とは別に発達障害などを併せ持つ方も少なくありません。誤解のないように申し上げますが、発達障害があると精神病を発症しやすいということではありません。

そもそも発達障害は、生まれつきの脳の特性であって病気とは異なります。未だに精神病の発症原因が解明されていない中ではありますが、ストレスが関係していることはわかってきています。つまり発達障害によっていろいろな生きづらさがあり、そのことによって日常的にさまざまなストレスに晒されてしまう。そしてそのストレスを改善できないまま生活することによって精神病を発症してしまうということだと思います。そういう意味において発症のメカニズムは、いわゆる健常者と変わらないでしょう。

それでは、発症原因の一つと言われるストレスをどのように改善していけば良いのか。それは先に触れました通り、家族など周囲の人々が努めて「低ＥＥ（感情表出）」に接することは言うまでもありません。しかし、いくら周囲が低ＥＥで接していても、当事者に発達障害があって何らかの過敏症などを併せ持っていたりすれば、周りの者の接し方を改善するだけでは不十分となります。

私どもの教会家族メンバーにも、聴覚過敏症を持つ女の子がいます。彼女は広汎性発達障害があり、教会で生活を始めた当初、耳を塞いでうつむいていることがしばしばありました。それは幻聴への彼女なりの対抗手段だったようですが、聴覚過敏症によって彼女が苦手とする音に晒された時の行動でもあったのです。

教会生活が始まった初日、夕づとめ前に五分ほど簡単な鳴物の打ち方を説明し、ておどりまなびの際、彼女は太鼓の前に座りました。その日は一下り目、二下り目でしたので、初めて太鼓を打つ彼女にはハードルが高いなと心配したのですが、譜面を見ながらではありますがパーフェクトに太鼓を打ってくれました。

彼女は広汎性発達障害のため生きづらさをたくさん抱えていますが、その半面、人一倍さまざまな物事の「コツ」をつかむ能力に長けているのです。それならば他の鳴物にもチャレンジしてみようじゃないかとなったのですが、彼女はチャンポンの音が苦手であることが判明しました。

しかし、それ以外の鳴物は勤めてくれますので、チャンポンさえ避けていれば大丈夫だと理解していたのですが、教会生活にも十分慣れた頃「会長さん、私おつとめには出たくありません」と言ってきたのです。話を聞くと、他の鳴物をしていても当然チャンポンの音は耳に入ってきますので、彼女なりに頑張ってその苦痛と戦ってきたのですが、それも限界に達してしまったので、今後おつとめに出なくてもいいでしょうか、との申し出です。

「自分の助かり方」を研究

これには私も困ってしまいました。そこでその状況を解決するために彼女と「研究」が始まったのです。まずはチャンポンとの距離を取れば大丈夫だろうか、とかいろいろ試行錯誤をしてみましたが、やはり駄目で、それならいっそのこと耳栓をしてみたらどうかということになりました。「会長さん、耳栓をしたらチャンポンの音が気にならなくなりました。でも、みかぐらうたの地歌が聞こえにくいのでテンポも合わせにくいです」と苦笑いしながら彼女が言いました。これが彼女の「当事者研究」です。

当事者研究は、先に記しました「べてるの家」で始まった精神障害の当事者やその家族を対象とした取り組みです。

二十年ほど前、器物破損などの衝動的行為が止まらなかった統合失調症の若者と、当時病院のソーシャルワーカーをしていた、「べてるの家」の創立者である向谷地生良さんが困り果ててしまい、「どうしたらいいかわからないから一緒に研究しよう」と語り合いました。そして「爆発（衝動的行為）の研究」を始めたのが最初であったそうです。統合失調症や依存症などの精神障害を持ちながら暮らす中で見い出した生きづらさや体験を持ち寄り、それをメンバーの研究テーマとしたのです。そして問題の背景にある事柄や経験、意味等を見極め、自分らしいユニークな発想で、仲間や関係者と一緒になってその人に合った「自分の助け方」や理解を見出していくための研究活動が始まりました。

インターネット上の「当事者研究ネットワーク」にて理念などが詳述されていますので、ご参照いただきたいと思いますが、いくつかある理念の中で日常的に気を付けたいと感じるものが「人と、こと（問題）を分ける」という考え方です。たとえば先ほど「おつとめに出たくありません」と言ってきた教会家族の彼女の件でも、その言葉だけに焦点を合わせると「教会に住まわせてもらいながら、わがままな子だ」と思ってしまうかもしれません。そしてそのことを問答無用とばかりに叱るなどしてしまえば、彼女は心を閉ざしてしまい、最悪の場合、何か新たな症状を発症してしまうかもしれません。

しかし、人と問題を分けて「おつとめに出たくない」という「心の問題を抱えているその子」と分けて捉えれば、その問題について一緒に研究してみようというような態度になっていくと思うのです。

一緒に研究を進めると、単にチャンポンの音だけの問題ではなく、おつとめをつとめることの意味がよく解らないということも見えてきて、研究は深まるばかりです。

そもそも精神障害のある人々は、その症状に振り回されるという苦労を抱えています。そして周囲の人々は、病気の当事者の言動などに右往左往するという苦労を抱えてしまい、当事者と家族が敵対関係になってしまうことも多々あります。

これは互いにとって大きなストレスを生みますし、そのストレスの中で共に生活していくことは、互いにとても苦労を強いられます。また、家族との間に軋轢《あつれき》がなくても、一歩外へ出ると自分を罵倒する幻聴が聞こえてくるために家から出られず、部屋に引きこもってしまう当事者もいます。これはこれで辛く悲しい苦労の人生でしょう。

問題が解決しなくても問題が解消

しかし、どういった時に幻聴が聞こえてくるのか当事者研究を進めると、小学生時代にいじめられた記憶がトラウマとして残っているらしく、登下校中の小学生の賑やかな声が聞こえてくると幻聴が始まることが解った人もいました。だから小学生が行き来する時間や場所を避けて行動すれば幻聴が治まったなど、それまで引きこもり続けていた時に抱えていた苦労を、自分自身を研究して自らを助けるための苦労に変えていくのです。そしてそれを誰かと共有して他の人をも助けることができたとき、その苦労は高級な苦労に昇華するのだと向谷地さんは解説します。みんなで一緒に苦労を取り戻そうと、「べてるの家」では日々当事者研究に余念がありません。

この「苦労を取り戻す」という考え方は、「べてるの家」の理念でもあります。そう考えますと、昨今のコロナ禍も、豊かさや便利さを求めて突き進む人類に対して「もっと苦労を取り戻しなさい」と、親神様がメッセージをくださっているようにも感じられます。

当事者研究は、単に問題を明らかにして、みんなで解決策を見出すということだけが目的ではありません。人によっては「病気に助けられていることがわかった」という気付きを得た人もいます。

このように、捉え方や見方を変えることによって、問題と思われていたことには実は重要な意味があったと気付くことにあると言います。「幻聴が聞こえる」という問題が解決されなくても、「幻聴で聞こえる言葉が優しくなった」という形で問題が解消することもあるのです。

また当事者研究は、ユーモアを持って取り組むことが大切です。先にご紹介した「幻覚&妄想大会」こそ、その集大成なのです。「ユーモアとは、にもかかわらず笑うこと」と言われます。これは「陽気ぐらしとは何か?」の答えでもあるように感じます。

にもかかわらず、勇んでお通りくださった教祖。にもかかわらず、お優しかった教祖。私たちが決して忘れてはいけない雛型の原点であると感じるのです。

降りていく生き方

もう十年以上前になりますが、ある方を通して一人の統合失調症を患う青年と出会いました。彼は比較的裕福な家庭に育ち、両親も人格者であり、兄弟も優秀。幸せな人生を送る上に必要な要素があるとしたら、その多くに恵まれている環境の中で育っていました。

ところが高校生の時に統合失調症を発症し、以降は入退院を繰り返して私と出会った時は少し回復していた頃で、警備会社に勤めていました。

初対面での彼はとても多弁で、自分の将来の目標や会社の問題点などを矢継ぎ早に話し続けました。しかし、その主張には若干自分本位な見方に偏っている点もあって、注意深く見守る必要があると感じました。

その後にわかったことですが、彼は就職の際、自身が統合失調症を患っていることを伏せて入社していました。実は就職に際して自分に不利な情報は、前科などの賞罰も含め自ら進んで告知しなければならないという義務はありません。しかし、面接などで持病の有無を確認された場合はその限りではありません。そこで虚偽の報告をした場合、こういった職歴詐称、経歴詐称を懲戒解雇事由とする就業規則を定めている会社であれば、就職後に事実が発覚した場合、職を失うということもあり得ます。

少し話は逸れますが、運転免許証取得や更新も以前は同様でした。しかし運転中に意識を失って大事故を起こしてしまうといった事件がたびたび起こって問題となり、平成二十六年に道路交通法が改正され、それまで任意であった病気等の申告が義務化されました。罰則も設けられ、虚偽の回答をすると一年以下の懲役、または三十万円以下の罰金が科されることになります。

運転免許証の取得や更新時に新しく設けられた質問票の内容は以下の五つです。病名を書く必要はありません。
○過去五年以内において、病気(病気の治療に伴う症状も含みます)を原因として、またはは原因は明らかでないが意識を失ったことがある。
○過去五年以内において、病気を原因として身体の全部又は一部が一時的に思い通りに動かせなくなったことがある。
○過去五年以内において、十分な睡眠をとっているにもかかわらず、日中、活動をしている最中に眠り込んでしまった回数が週三回以上となったことがある。
○過去一年以内において、次のいずれかに該当したことがある。
・飲酒を繰り返し、絶えず体にアルコールが入っている状態を三日以上続けたことが三回以上ある。
・病気治療のため、医師から飲酒をやめるよう助言を受けているにもかかわらず、飲酒をしたことが三回以上ある。
○病気を理由として、医師から運転免許の取得または運転を控えるよう助言を受けている。
以上の質問に、「はい」と「いいえ」のどちらかに○をつけて回答します。「はい」に○を付けたからといって即座に免許の更新を拒否されたり、現在有効な免許の停止や取り消し処分になるということはなく、医師の診断をもとにして判断されることになります。また、医師の方から公安委員会に患者が免許を所持しているのかを尋ねることができるようにもなりました。

彼が就職した会社では、特に持病について確認されなかったようです。しかし、ほどなくして関係妄想などが出現し、退職となってしまいました。

同じ病の女性と出会って

関係妄想、関係念慮とは、「世界から戦争がなくならないのは自分が頼りないからだ」などと、本来自分に関係のないことに関係があると思えたりすることです。また被害妄想を抱えることもあります。これは対人関係で生じることが多く、誰かが自分のことを悪く言っている、貶《おとし》めようとしている、などと捉えてしまうことです。誰しもそのような思い込みを持ってしまうことはありますし、家族や友人に相談して気持ちを切り替えながら生活していくということは、よくある話です。

しかしその程度が重く、病的となればそれは妄想といえます。実は統合失調症を患いつつも社会復帰されている人の多くがこの症状に苦しんでいます。また統合失調症ではなくても、妄想性パーソナリティー障害のある方たちも同様で、症状に応じて投薬がされますが、投薬治療と並行して前回ご紹介した当事者研究などをしながら、本人と周囲が協力し合って対処法を見つけていくことが大切です。

さて、会社を退職した彼は、私と出会う以前から職を転々としている状況でしたが、ある同じ統合失調症の女性と出会うことで大きく変わっていきました。

彼女も病気を抱えながらですが社会人として懸命に生きていました。周囲の協力や理解があればこそ可能となった彼女の社会生活でしたが、病気の苦しみ自体は孤独な闘いだったと思います。そこに互いにその孤独を分かち合えるパートナーを得たことで、その孤独から少しずつ開放され、彼も彼女のより良い生活を優先して考え、行動するようになりました。それまでも彼なりにビジョンを持って頑張っていたものの、結局は職を転々としてしまい、その頑張りが空回りしていた状態でしたが、パートナーを得て人生の方向転換をすることができました。具体的には就職活動をやめて「主夫」となり、彼女の生活サポートに専念するようになりました。

またちょうどその頃、彼の母親が末期のがんを患っていました。ずっと息子の言動に悩まされながら生きてこられた母親は、彼の「お財布」の管理にも苦労してこられたのですが、その管理も私の妻へと引き継ぎ、彼の生き方の転換を見届け、天理教と出会えたこと、私の妻の献身的な関わりに感謝しつつ静かに息を引き取られました。

登っていく生き方から降りていく生き方へ

あるアスリートが、「人生は下りのエスカレーターに立っているのと同じ。だから下るより速く登り続けなければならないのだ」と競技人生を語っているのを耳にしたことがあります。確かに科学技術など、そのようにして登り続け研鑽を積んでいる人達がたくさんいるからこそ、世の中が豊かになっていったのだと思います。

しかし、東京オリンピックで三連覇の夢を逃した体操の内村航平選手が、「僕はもう主役じゃない。(中略)彼らが主役ですね」と述べた言葉の中に、たとえアスリートであっても「転換」の時はやってくるんだと、感慨深くその言葉を聞きました。

私自身も、たとえば自ら「老い」を認めたとき、生き方の転換をしなくてはならなくなるのだと思います。それは「上へ上へ」と登っていく生き方から、ゆっくり「降りていく生き方」へ。しかし、この降りていく生き方とは、決してダメになっていく生き方ではありません。

『降りていく生き方　「べてるの家」が歩む、もうひとつの道』という本にこんな記述がありました。

「ほんとうの回復というのは右肩上がりの高いところにあるのではなくて、自分のなかの低いところ、それも自分の真下にあることがわかった。つまり妄想は消えないけれど、あきらめることで自分は楽になれたと書いている。それはたんに、病気の回復論ではない、人間のあり方、生き方を語っているのだと思いますね」（60頁）。

これは「たすかってもらおう」と頑張るあまり、気が付けば「相手に変わってもらおう」という偏った心に陥りがちな私自身への戒めの言葉でもあります。

相手に変わってもらうことを、良い意味で諦め、代わりに自分の「真下」に視線を向けることで、まず自分が変わっていける。そこに優しい心とか、ユーモアの源泉があると感じるのです。

そして内村選手が言うように誰か自分以外の主役を認め、その人達を陰ながら支えていくことに喜びを見出すことができたとき、より心豊かな人生を歩むことができるのではないでしょうか。

今、ゆっくりと降りてきた統合失調症の彼は、週に三度精神科のデイケアへ通い、同じ頻度で彼女と教会へ足を運んでいます。

そこで、互いに煮詰まりがちな二人の生活のさまざまな問題を解決しながら、日々を過ごしています。そして彼は最近、精神に障害を持つ人が、のんびり生き生き暮らすために必要な生活全般のノウハウをまとめたエッセイを執筆中です。

メールやSNSなどへの注意

統合失調症を抱える人の多くが妄想に苦しんでいると申し上げました。「あの社員が会社を辞めたのは自分のせいだ」とか、「世の中で伝染病が流行しているのは自分のせいだ」など、そもそも自分とは全く関係のないことが関係あると思えてしまい、責任を感じて気持ちが落ち込んでしまうのが関係妄想です。

そこに被害的な妄想が加わり、「あの人が私のことを嫌っている」とか、「あの人が陰で私の悪口を言っている」とか、また何の根拠もなく配偶者や恋人が浮気をしていると思い込んでしまったり、テレビ番組の出演者が自分の誹謗中傷を言いふらしているなどと訴えてくることもあります。

そういった妄想を打ち明けてくれた時は、医師とも相談して薬を変えてみたり、「当事者研究」を行いながら改善していくことができますが、誰か特定の人に対して被害妄想を持ってしまった場合は、なかなか対処しにくい現状があります。

その被害妄想によって生じた怒りの矛先は、家族など身近な人へ向けられることは多々ありますし、時に私たちおたすけ人に向けられることも少なくありません。

たとえば病気の当事者からメールが届いたのだけれど、タイミングが悪く手が離せない状態で、メールの返信が遅くなったりした時、そのことが原因で自分は嫌われていると思い込んでしまうこともあります。

「どうせ私のことなんて、どうでもいいと思ってるんですよね」というようなメールが届いて慌ててしまうこともあります。「今、手が離せないので、あとで改めて返信します」とメールできれば良いのですが、おつとめ中だったり、車の運転中で着信に対処できなかったりという場合もあります。

いったん妄想が勃発すると、「既読は付いていなかったよね」とか「おつとめ中だったから」など、もっともな理由を述べても余計にこじれてしまいます。確かにLINE《ライン》などでのメールやSNSは、おたすけの上にも有効活用できる手段ではありますが、注意も必要です。

お互いにアドレスなどを交換してメールでのやり取りを始める前に、どうしてもすぐに返信できないことが多々あることを伝えておくのも大切ですが、普段から緊急性の低いメールに対しては、返信のタイミングをゆっくり気味にしてやり取りするようにしておくことが望ましいと思います。

そもそもメールは「手紙」です。ハガキでも、一番早くて到着は翌日になります。このくらいのゆっくりしたペースでのやり取りに慣れていれば、当事者からのメールへの返信のために夜も眠れないなどという状態を回避することができて、互いに負担なく情報交換ができるようになると思います。

《参考資料》

・「べてるの家とは」べてるねっと（べてるの家ＨＰ）
・『べてるの家の「当事者研究」』浦河べてるの家著　医学書院刊
・「当事者研究とは」当事者研究ネットワークＨＰ
・新しい道路交通法　てんかん情報センターＨＰ
・『降りていく生き方「べてるの家」が歩む、もうひとつの道』横川和夫著　太郎次郎社刊

第四章　対処と治療について

被害妄想による怒りへの対処

おたすけ人として接する以上、時には「さとし」をする場面も生じます。いくら優しい心に努めていても、その言葉が相手の心に届かず、憎しみや恨み、腹立ちという埃の妄想を生んでしまうこともあります。

これは当事者の家族にも同じことが言えます。相手が健常者であれば、互いによく談じ合い誤解を解くこともできますが、妄想はそう簡単に解消できません。おたすけ人として不徳をさんげしつつも、しっかり対処していく必要があります。

これは「べてるの家」の創設者である向谷地生良さんから学んだ対処法なのですが、被害妄想などにより誰かが怒りのターゲットとなってしまった場合、当人同士ではなかなか問題が解決できにくくなりますので、第三者が間に入って改善していく方法があります。

たとえばAさん（身上者）が、Bさんに敵意を持って不足している時、いくら中に入った私たちがAさんに対して、「Bさんは良い人だよ。あなたに悪意を持ってはいないよ」と話して聞かせても、相手に対する感情はなかなか変わってもらえないんですね。しかし、第三者がAさんに「Bさんがあなたのことをこう褒めてたよ。あなたがしんどい中、それでも手助けしてくれて有難かったと凄く褒めてたよ」と、このように間接的に褒めてあげると二人の関係性がすごく改善していきます。

これは統合失調症の方ばかりでなく、境界性人格障害の方や健常者、特に思春期の年齢層の人間関係、親子関係の修復にも有効な手立てです。

私たちは人から直接褒められれば嬉しいものですが、心のどこかで「これは半分は社交辞令だな」と思ったりもするものです。しかし第三者から、たとえば「誰それさんが、あなたのことを優しくてとても素敵な人だって言ってましたよ」などと聞かされると、本気で嬉しく思ってしまうものです。

ただし嘘は良くないので、ターゲットになった人から身上者に対して良い言葉が出てくるようなアプローチも、こちらでさせていただくことが大切です。

「蔭でよく働き、人を褒めるは正直」（教祖伝逸話篇一一一「朝、起こされるのと」）と、お聞かせいただきます。ぜひとも日常的に人を褒める習慣を身につけたいものです。

失われた時間感覚への対処

統合失調症の慢性期の方の多くは、自己肯定感が低い状態です。「どうせ自分なんか……」と自身をさげすんでいる方が多く、負の妄想を持ちやすい状態なのです。ですから、直接的であれ間接的であれ、小さなことでもたくさん褒めてあげることはとても大切です。

また、一度重症化してから状態が落ち着き、慢性期となった方は時間の感覚が失われがちです。

たとえば、買い物の送迎や同伴を頼まれたとします。でも今は手が離せない時など「いいよ。でも、もう少しあとでね」と相手に伝えた場合、健常者であれば「最低でも十分程度は待たなきゃならないな」と理解するのではないでしょうか。しかし、病気の当事者は、頼んだ直後から玄関で待ち続けたりします。

ですから、このような時は具体的に、「何時何分に出発しよう」と伝える必要があります。加えて、当事者のお宅へ訪問する場合も、「今日は何時何分においとまします」と最初に伝えておくと良いでしょう。

これは統合失調症の当事者ばかりでなく、精神障害を抱える相手とのお付き合い全般に言えることで、電話での会話も長話に気を付け、適度なタイミングで切り上げる習慣をつけなければなりません。長話は聞く方もエネルギーを消耗しますが、話す方も同じで、互いの精神衛生上このようなことに留意するのも大切な要素だと思います。

求められる根気強さとデイケアの利用

このような時間的な感覚の喪失に加え、ごく普通に繰り返される日常のさまざまな作業、たとえば洗濯が済んだら干し、乾いたら畳んで仕舞うなどというような一連の作業が出来にくくなり、いちいち指図をしなければならないという状況がたびたび起こってきます。

教会でお世話する場合などは、作業の流れや日課などを紙に書いて目につくところに貼っておくことも一つの対処法です。

あまりにもありふれた一連の行動がスムーズにつながらず、いちいち手が止まってしまいますので、お世話する側はついイライラしてしまいがちです。当然ながらお世話する側には根気強さが求められます。

自宅であれ教会であれ、病院を退院ののち在宅での生活を再開できた時は、精神科のデイケアへも通いながら過ごすことが望ましいと思います。

ケアの内容は施設によってさまざまな違いがありますので、地元に複数のデイケア施設がある場合は、事前によく説明を聞き、見学も行って選びたいものです。

利用料は、自立支援医療制度の利用申請をすることによって、本人の市町村税が非課税の場合は、自己負担額の上限が月額二五〇〇円となります。事前に市町村の福祉課などで申請をしておけば、精神科の医療費とデイケアの利用料はこの上限額を超えることはありません。

ただし、先にも触れました通り、入院の場合は自立支援医療制度の対象外ですので、高額療養費制度を使って限度額認定手続きをしておく必要があります。

統合失調症の治療法について

幻覚や妄想が激しく現れている急性期の治療では、こういった陽性症状をいち早く改善することが主眼となります。また、こうした急性期の症状には抗精神病薬がよく効きますので、早い段階で投薬治療を受けることができたなら、そのぶん回復する可能性も高くなります。

これまでおたすけで関わった人の中には、精神錯乱状態が現れたその日に家族から助けを求める電話を受け、本人を説得して即入院することができたケースがあります。その方は三カ月の入院を経て回復し、現在は健康な社会人として活躍しています。

しかし緊張状態が続き、強く錯乱している場合や薬物療法で効果が見られない場合などの一部の患者に対しては、緊急の選択肢として電気痙攣《けいれん》療法が行われることもあります。この治療法は、かつて電気ショック療法と言われ、その時のマイナスイメージが強く残っていて否定的な見方がされがちですが、今では薬によって痙攣を起こすことがない無痙攣療法が普及し、安全な治療が施されています。

いずれにしても、急性期、慢性期ともに治療の中心は薬物療法によって進められます。

これら精神科で投薬される薬を「向精神薬」と呼びます。向精神薬は大別すると、抗精神病薬、抗うつ薬、気分安定薬・抗てんかん薬、睡眠薬・抗不安薬の五種類となり、その他としては抗認知症薬などがあります。

向精神薬の歴史は、一九五〇年代に結核やアレルギーの治療薬の中から偶然、抗不安薬や抗精神薬として効果のある薬が発見されたことにはじまります。

統合失調症の治療は、この抗精神病薬の服薬による薬物療法が中心となりますが、当事者および家族への「心理社会的療法」を並行して行うのが大切だということも近年わかってきました。

この心理社会的療法とは、まず当事者の言葉を傾聴し、治療に対する不安を取り除いて治療者との信頼関係を深めることを目的に行われる「支持的精神療法」にはじまります。

心理社会的療法の取り組み

次に「心理教育」として、統合失調症の症状や原因、薬物治療やさまざまなリハビリテーションなどの知識や理解を深め、当事者自らが積極的に治療に取り組めるようになるための教育的支援が行われます。

さらに、統合失調症に顕著な症状である妄想や幻聴に由来する思い込みや認知の歪みなどを、否定するのではなく肯定しつつも、いろいろな角度から考察し、妄想や幻聴の内容にある非現実性や非合理性を「認知行動療法」によって認識できるように促します。

先にご紹介した「当事者研究」も、目的は同じようなところにありますが、当事者研究は、その名の通り当事者たちが主体となって進められるのに対し、認知行動療法は行動療法士などの専門家によってなされるところに違いがあります。また当事者研究には「ソーシャルスキル・トレーニング（SST）」の要素も含まれています。

このソーシャルスキル・トレーニングとは、病気によって低下した社会生活能力を回復させるための援助技法で、一般的にグループによるロールプレイ（役割を決めて実際の状況を再現する演技を行う）形式で行われます。

これによって戸惑いが生じやすい状況に対し、どう反応すればよいのかを判断したり、相手の言動の意味を理解しながら自分の考えを正しく相手に伝える訓練を行います。

また思い込みやこだわりが激しいために、問題の解決が困難になっている場合、考え方やものの見方を広げて、より良い対応をすることができるように訓練していきます。

さらに服薬を自己管理する方法や、自分自身の症状への対処方法など個別の課題学習もいくつか用意されており、必要に応じて学習していきます。

また近年、「作業療法」の一環として、当事者に畑仕事に親しんでもらい、農作業を通して得られる楽しみや充実感、達成感などを味わいながら、日常生活や社会生活機能の回復を目指す取り組みも増えてきました。

ポピュラーな作業療法としては手芸や料理といった、生きがいや楽しみを見出すためのレクリエーション性が強いものから、木工などの軽作業、またパソコンによる作業など将来の就労を目指した職業性の強いものまで、多種多様な作業療法があります。

このような当事者に対する心理社会的療法に加え、家族に対しても適切な対応や接し方を学ぶための心理教育の場がとても重要となります。

当事者はもとより、家族が統合失調症を正しく理解し、病気がもたらす言動の傾向などを把握していれば、当事者への接し方や態度は変わっていきます。そして当事者と共に抱え込んでしまいがちな絶望感や、孤立しがちな状況を改善し、将来への不安を取り除いていくために家族に対する心のケアも行われます。主に病院を基盤とする病院家族会や、地域を基盤とする地域家族会などでこういったケアが行われています。

薬の管理は家族や周囲が

統合失調症の治療は薬物療法一辺倒ではなく、こういった心理社会的療法も並行して実施していたケースで、一年後の状況を調べた研究によると再発率が八%だったのに対し、薬物療法のみを行った場合の再発率が約三十%と大きな差が生じていました。

しかしながら精神科病院であれば、どの病院でもこういった心理社会的療法が受けられるわけではありません。そういう意味では病院選びのポイントとして、デイケアに加え心理社会的療法を受けることができるのか否かということも大切な要素であると言えましょう。

しかし、地域によっては地元にそういった医療施設がなく、かかりつけ医は地元のクリニックで、その他の行動療法は近隣の町にある施設に通うというケースも出てくると思います。しかし病院によってはグループホームを運営していて、下宿と同様に食事や生活、通院のフォローを行っている病院もありますので、病状の安定具合を見ながら思い切って転居を促し、親元からの自立を試みることも是非チャレンジしてほしいと思います。

薬だけに頼らず、さまざまな療法も積極的に受けることは大切ですが、だからといって薬をないがしろにして良いはずはありません。しかし抗精神病薬の中には副作用として太りやすくなってしまうものがあったり、アカシジアといって落ち着きを失ってジッとしていられず、ソワソワと動き回るという副作用が現れる薬もあります。

そして、そのような副作用に耐えられず勝手に服薬をやめてしまったり、時には陽性症状によって気分が高揚し、自分は病気が完全に治ったという妄想から断薬してしまったりというケースもあります。また家族や周囲の人が、本人の意思とは別に薬をやめさせてしまうこともたびたび起こります。

たしかに薬が強すぎて不調に陥ることもありますので、家族の判断で薬を減らす事態が生じることも理解できないわけではありません。

しかしそのような場合は、是非とも主治医と相談して投薬内容や量を変えてもらったりして、慎重に減薬しなくてはなりません。勝手に薬をやめた途端、陽性症状が勃発し、興奮状態で窓から飛び出して大けがをしてしまったり、命を失ってしまうことも少なくないばかりか、時に人に危害を加えて取り返しのつかない事態にまで発展してしまうことさえ起こりかねません。

そうならないためにも精神科医は慎重に薬の処方を行っています。薬に対して疑問や不安があるときは、遠慮なさらず主治医に相談を持ち掛けてほしいと思います。

統合失調症を発症すると、さまざまな自己管理が苦手になりがちです。薬の服薬を本人任せにしておくと、飲んだり飲まなかったりということが多々起きてしまいますし、就寝前に飲む薬を朝に飲んでいたりという間違いも生じやすいです。

ですから基本的に薬の服薬は家族が管理する必要があります。今は百円ショップなどで、一週間分の薬を朝、昼、夜に分けてポケットに入れることができる「おくすりカレンダー」という商品もありますので、いろいろ工夫しながら確実な服薬を継続したいものです。

第五章　統合失調症の元を尋ねて

統合失調症の起源

約百人に一人と言われる統合失調症の発症率は減らないものの、二十世紀末に入る頃より、先進国を中心に統合失調症の症状は軽症化していると言われます。これは慢性化事例が増え、悪性の変化をきたしていると言わざるを得ないうつ病とは対照的です。

軽症化の具体的な点として、かつて統合失調症の患者の口から聞かされる妄想として散見された「自分は天皇家の末裔で、いずれ天皇にならなければならない」とか、「アメリカのＣＩＡから命を狙われているので、これから戦いに行かねばならない」などと言ったスケールの大きい妄想が減ってきていることが挙げられます。

これは東西冷戦も終結し、革命や侵略、世界大戦など社会や自分の命さえも危険に晒される恐怖が遠のき、それとは反対に虐待やいじめ、労働環境の悪化や生活上の不安といった身近な問題が台頭してきたことに起因していると言われています。しかしそのようなことから、逆にうつ病が悪性化しているという点は理解しやすいかもしれません。

統合失調症は本当に不思議な病気です。では、そもそも統合失調症の起源とは何なのでしょう。さまざまな学説がありますが、その中から興味深いものを一つご紹介したいと思います。

私たち人間の脳は、言語や社会のさまざまな慣習といった文化的な影響下で形成されるという側面から「社会脳」を有していると言えます。統合失調症は、この複雑な社会脳が確立する過程における障害と見ることができ、この見地から社会脳を形成する遺伝子の異常が想定されます。

統合失調症はこの社会脳の障害と考える視点から、今から約十~十五万年前、人類がアフリカより別の地域への移住をはじめた頃に神経発達を制御する遺伝子に変化が生じ、その結果、まず社会脳に異常をきたす統合失調症様態が出現したと考えられています。

しかしこの遺伝子の変化は、時に非凡な創造性をも促し、従来の因習を打破して新たな発展をもたらす元にもなり得ました。つまり社会脳の発達は人間の創造性を促す要因であると同時に、統合失調症発症の危険因子でもあったのです。

また脳の気質という点から見ると、統合失調症の症状は、自己の自発的行動が、あたかも人に操られていると錯覚する「させられ体験」や幻聴などのように、右脳と左脳の不均衡に関係していると思われるものが少なくありません。

この右脳と左脳の不均衡という点では、女性に比べ男性の方が脳の非対称が目立ち、実際に統合失調症の有病率は男性の方が高く、発症年齢も男性の方が平均して女性より若いことからも合致しています。さらに幻聴という症状が示すように、統合失調症は言語の病理に関係が深いと言われます。ですから統合失調症の起源は、人類が言語を獲得した頃に同時に生じたという推論もありますが、これは留保すべきでしょう。

これは余談になりますが、近年、日本人とポリネシア人は虫や鳥の鳴き声、川のせせらぎや風の音といった自然界の音を言語脳である左脳で聴いていることが判明しました。それ以外の外国人は、これらの音を右脳で感知しているのです。とても興味深い研究結果です。

日本人とポリネシア人に共通するものは、その言語の特色にあり「あい、いえ、うお、あお」など母音のみで構成できる単語が多いことだそうです。そうすると、プロゴルフツアーなどで鳥の鳴き声が多いコースだと、日本人は集中しにくく不利になってしまうのかもしれません。また私たちは虫や鳥の声を愛でるという情緒を獲得したと同時に、そのぶん右脳と左脳の不均衡要素も多いと言えます。また、ある種の音を言語として認識してしまい、その音がフラッシュバックの引き金となって精神的な発作が生じたりと、統合失調症が治り難いという面も持ち合わせているようです。

右脳は神、左脳は本人

もう一つ統合失調症の起源で注目に値するのは、ジュリアン・ジェインズという心理学者が唱えた説です。

その説によると紀元前約九〇〇〇年から二〇〇〇年の間、人間は絶えず神の声を聞きながら神の命令に従って行動しており、特に新たな行動を起こす時は神にその主導権があり、その「お告げ」に従って行動していたというものです。つまり、言い換えるなら太古の人間は皆「神一条」であったということです。たしかに邪馬台国の昔、この国は卑弥呼という「巫女」によって統治されていたと言われますし、世界史的にもエジプト文明、マヤ文明、ギリシャ文明など全てその中心に神々が存在していました。古代人は常に神のお告げを聞いて行動し、生活していたのです。

その頃の人間の脳は、右脳と左脳という二つの大脳半球が、もともとそれぞれが独立して機能していて、右脳に神の領域があり、左脳に人間の領域があって、その構造は「二院制精神」であったとジュリアン・ジェインズは推論しました。二院制といっても政治の衆参両院や上院下院とは違い、右脳が受け取る神の指示が絶対であり、それを左脳が理解して行動化するという形だったといいます。

そもそも文明が発達する以前、人々は百人から二百人程度の集落を形成して暮らし、その中で特に明確に神の指示を受け取ることができる者が必ず一人いて、その群れを統括していたというのです。

現在でもアマゾンの奥地に暮らす原住民などでは、このスタイルが踏襲されています。しかし徐々に集団が大きくなって文明を築き、メソポタミアの時代に神々がいなくなることを示す記録がかなりあることから、メソポタミア文明崩壊の時期、つまり紀元前一二三〇年頃に二院制精神が崩壊し、主観的な意識が芽生え、人類が自我を獲得していったと推論しています。これは天理教の「元初まり」に記される「三千九百九十九年は文字の仕込み」と仰せられる時代が始まった頃でもあります。

そして文献によると、プラトンの時代にあたる紀元前四〇〇年頃になって統合失調症にあたるものが病気として問題とされ出したと言われています。

「さとり」の時代へ

また統合失調症の幻聴は、霊媒などと同様、二院制精神の時代に大きな役割を果たした神のお告げの名残りが誤作動を起こしたものである、と大胆な推論を唱えています。

これまた余談になりますが、本教では草創期に教祖からたくさんの人に「扇のさづけ」を渡されています。これはそもそも自分が成すべきこと、「今日、自分はどんなつとめをすればよいか」を伺う手立てとして渡されたものです。しかし、徐々に人から尋ねられたことに対して指図を伺うことに用いるようになったため、全て取り上げられたと言われています。しかし、この二院制精神の存在が事実だったとするなら、親神様は六千年の知恵の仕込みののち、二つあった心を一つにして「さしづ」の時代から「さとり」の時代へと人間を導かれたと言えるのではないでしょうか。

そう考えると、この道の草創期に際し、親神様のお働きを得心させるための手立てとして一度、扇のさづけを渡されたのち、すぐにそれを取り上げられたことにも納得ができますし、本席様のお出直しをもって「さしづ」を終えられたことも然りと言えましょう。現に扇のさづけを渡された者の中から針ヶ別所村の助造の謀反も発生しています。

親神様のお心は、操り人形として人間に陽気ぐらしをさせるのではなく、知恵をお仕込みくださったのちは、あくまでも心一つを我がのものとして歩むよう人間を成人させ、自我の目覚めによって一度バラバラになった人間ではありますが、そこから改めて一手一つに陽気ぐらしを目指して歩むよう、お働きくださっていると言えるのではないでしょうか。しかし心に自由を与えられたのちも「心さえしっかりすれば、神が自由自在に心に乗りて働く程に」（明治31・10・2おさしづ）と私たちを応援してくださいますし、「心に浮かべば一つの理」（明治32・12・29おさしづ）と、私たちの「さとり」を後押ししてくださいます。安心して親神様に凭れて歩ませていただきたいものです。

統合失調症が、かつて全ての人間が「神一条」だった頃の名残りだとするならば、心の自由を得た今を生きる私たちがさまざまな「ふし」を乗り越えて、再び神一条に立ち返る中で、この「身上」を克服していけるように思えてなりません。

社会・環境が与える幻聴への影響

統合失調症患者と接する私たちの言動が変われば、幻聴や幻覚も変わってくる。つまり当事者の身近な家族や友人といった人間関係や生活環境の状態が、統合失調症患者の症状や回復に大きく影響を及ぼすということを先に述べました。

このことに関連する話題ですが、スタンフォード大学の人類学者ターニャ・ラーマン教授は、調査の結果、統合失調症患者の幻聴の内容は、当事者が生活する国や文化によって差異が生じることを発表しています。　調査の結果からわかったことは、アフリカ人・インド人の幻聴は主に肯定的な体験であり、アメリカ人には見られない特徴を持っていました。対照的に、アメリカ人の幻聴は主に暴力的で憎しみに満ちた不快なものが多く、当事者が抱えるトラウマなどに起因して引き起こされているものが大半を占めているとのことです。

また複数のアメリカ人は、戦争のような場所で雄叫びをあげるような声を聞いたとのことですが、「誰の声を聞いたのか」という調査には、特定の個人名をあげるケースはほとんどなく、アメリカ人の幻聴は個人的関係がない声が多いとのことです。

さらに、調査したアメリカ人の中で家族の声の幻聴を聞いたのは、たった二人だけだったのに対して、インド人グループのうち半分以上は、親類や家族が何か指示をしてくる、という幻聴を体験していました。それら親しい人の声による語りかけに共通していたのは、あたかも大人が子どもを諭すように語りかけてくるということで、恐ろしい声を聞いたという人の数はアメリカ人より少なかったそうです。また、その他のアフリカやインドの数人は、楽しくおどけた様子や、魔法によって愉快な音を聞かせてくれるような体験をしていたとのことです。

結論として、アメリカにおいては幻聴は辛辣で脅迫的に聞こえる一方、アフリカやインドでは親切で陽気に聞こえる傾向があるとのことです。ラーマン教授は、この調査結果について「統合失調症治療にとって重要な臨床結果となるでしょう」と述べています。

陽気に聞こえる幻聴

私たち人間の脳は、言語や社会のさまざまな慣習といった文化的な影響下で形成されるという側面から「社会脳」を有しており、統合失調症は「社会脳の障害」であると申しました。人間の脳の形成に影響を及ぼす「社会」というものに重点を置いて眺めた時、アメリカ社会とインド・アフリカの社会にはどのような違いがあるのでしょう。

一つ大きな違いを挙げると、アメリカは顕著な個人主義社会であるのに対して、インド・アフリカ社会は家族主義的であり、地域主義的あって、人々の考え方や価値観もそれに準じて形成されているということだと思います。

幻聴が親切で陽気に聞こえる傾向があるという、アフリカやインドの統合失調症患者には「良性」の患者が多いように感じるのです。そしてこの病を通して、欧米型の個人主義社会や核家族化の危うさをも浮き彫りにしてくれているように感じるのです。

腫瘍などによっては、良性や悪性といった区別がありますが、そもそも統合失調症などの精神病には良性や悪性という概念がありません。たしかに良性のうつ病など聞いたことがありません。しかし私は、こと統合失調症に関しては、良性・悪性という区別が存在し、特に慢性化した統合失調症の患者は、その対応のあり方によっては良性化が期待できるのではないかと感じています。

たとえ幻覚や幻聴があっても、それ自体で当人や家族など周囲が悩んだり苦しんだりすることがなく、幻聴がアフリカやインドの統合失調症患者に多く見られるように親切で陽気なものであるならば、それは良性の統合失調症と言えるのではないでしょうか。

悪性から良性への道――ジョン・ナッシュの人生

かつて、アメリカにジョン・ナッシュという数学者がいました。彼は二十代後半に結婚し、その後に異常な言動が目立ちはじめ、三十歳の時に統合失調症と診断され、その後離婚してしまいました。

しかし、元妻のアリシアは七年後、ナッシュを夫としてではなく、同居人という形で引き取り、彼の生活を支え続けたのです。そしてこの頃からナッシュの病状は少しずつ回復の兆しを見せ始め、五十代後半には病状が回復し寛解に至ります。ナッシュは、アリシアに元気づけられながら共に生活し、時間をかけて徐々に回復していったのです。ナッシュが勤務する大学の中でも、病気による奇妙な行動があったようですが、周りのサポートによる「静かな生活」のお陰で寛解に至ることができたと、のちにアリシアは語っています。

紆余曲折の人生を歩んだ彼は一九九四年、六十代半ばでついにノーベル経済学賞の受賞を成し遂げました。その後、七十代前半にはアリシアと正式に再婚しています。

ジョン・ナッシュの人生は、『ビューティフル・マインド』というタイトルで二〇〇一年に映画化されました。晩年のナッシュが自分自身の幻覚などをジョークの話題にしながら、大学生と談笑するコミカルなシーンがとても印象的でした。

さまざまなプレッシャーの中で発病し、混迷を極めた自分自身の状況の中を生き抜いてきた彼は、周囲の温かい理解と援助に恵まれながら徐々に自分の病気を認め、病識を得ていきました。そして自らの幻聴や妄想による思考を「無駄な労力による産物」であると、意識的に排除することで症状を落ち着かせるという、彼独自の対処法を身に着けていったのです。彼の人生こそ、悪性の統合失調症から良性の統合失調症への道のりそのものだと感じました。

そして、時に自らの病気をジョークのネタにするところなど、先にご紹介した「べてるの家」の暮らしぶりにも共通しており、やはりみんなで陽気に楽しく、ユーモアを大切に生活することがなによりだと実感した次第です。

統合失調症を発症してから、当教会で二十年以上共に生活している住込みさんのことですが、ある時神殿でニヤニヤ笑っていますので「どうしたの?」と尋ねると、「教祖から『毎日ご苦労様』と声をかけられました」と言うのです。これには少し羨ましささえ感じました。

知的障害もあり、草むしりなど根気が必要な作業が苦手な彼女に対し、小さいバケツに一日一杯の草むしりを約束していたのですが、ある時それをサボっていたのを私の妻に見咎められました。それに対して彼女から、「奥さん、教祖は怠け者に対しても毎日『ご苦労さん、ご苦労さん』って言われたんですよ」と反論され、「一本取られた」と妻が笑っていました。

住込み当初は混乱を極めた彼女でしたが、年数を経て幻聴と上手に付き合っていくことができるようになり、そして今、彼女の心の中に「教祖」が確かにいらっしゃるんだなと思う時、心がじんわり温かくなってくるのです。引きこもって孤独の中に生きてきた彼女は今、多くの人が暮らす教会の中で、わいわいがやがや楽しく暮らしているのです。彼女もまた良性化した統合失調症患者の一人です。

日本では一般的に、統合失調症を持つ人たちの聴く幻聴は、残念ながらアメリカのケースと同様、多くの場合「死ね」などの否定的な内容が多いのですが、自分を誉め、周りの人とも良好な関係を築くことができ、肯定的な言葉のやり取りが増えると、幻聴の内容が誉め言葉の幻聴に変わるという「べてるの家」の研究結果があります。

日々ユーモアと優しさのある良性の言葉を使うことを心がけ、そして病気と闘わず、仲良く暮らす生き方こそが大切なのです。

《参考資料》

・「自立支援医療制度の概要」　厚生労働省ＨＰ
・『精神科の薬がわかる本』　姫井昭男著　医学書院刊
・「治療を知る」　統合失調症ナビＨＰ
・『統合失調症の現在　進化論に注目して』　加藤敏　自治医科大学精神医学教室教授
　第104回日本精神神経学会総会教育講演録
・『神々の沈黙　意識の誕生と文明の興亡』　ジュリアン・ジェインズ著　紀伊國屋書店出版
・『心と社会』　No.169（公財）日本精神衛生会発行
・『ビューティフル・マインド　天才数学者の絶望と奇跡』　シルヴィア・ナサー著
　新潮社刊

第六章　救いを求めて

ひながたに学ぶ精神病のおたすけ

これまで私自身が経験したことや見聞きして学んだことを中心に記述してきましたが、最後に私たちがおたすけの上で心に留め置くべきことを、教祖のひながたを基に記しておきたいと思います。

先にも触れましたが、『天理教教祖伝』第三章に、妹くらさんの精神の身上おたすけを願い出られた辻忠作先生に対し、教祖は「ひだるい所へ飯食べたようにはいかんなれど、日々薄やいで来る程に」とお諭しくださったお話がございます。

辻忠作先生は教えられた通り、家に帰って朝夕拍子木をたたいて、「なむ天理王命、なむ天理王命」と、繰り返し神名を唱えて勤めたものの一向に利やくが見えません。そこでまたお屋敷へ帰って教祖に伺って貰うと、「つとめ短い」と告げられるのです。当時は線香に灯をともし、それが消えるまで神名を唱えていたわけですが、この時は一本立てるべき線香を半分に折っていたのです。このことに気付いてお詫び申上げ、線香を折らずに毎朝毎晩熱心に勤めましたところ、妹くらさんの患いは薄紙を剥ぐように次第に軽くなって、間もなく全快したとのことです。

教祖は、「一夜の間にも」というような鮮やかなおたすけをお見せくださる一方で、こと精神の身上に対しては「焦ってはいけないよ」と、そして「気を短く持たず、ゆったりと神様に凭《もた》れて通りなさい」と仰せられているように感じるのです。

つまり、精神の身上のおたすけに際して、一番に気を付けなくてはならないことは「短気」だということです。短気によって現れる埃は「腹立ち」です。

私自身、これまでおたすけを通し、何度となく失敗を重ねてきた心の埃そのものでもあります。私は元来のん気な性格なのですが、それでも時には腹を立ててしまうことがあるのです。おさしづに、「人の言う事を腹を立てる処では、腹の立てるのは心の澄み切りたとは言わん。心澄み切りたらば、人が何事言うても腹が立たぬ。それが心の澄んだんや。今までに教えたるは腹の立たぬよう、何も心に掛けぬよう、心澄み切る教《おしえ》やで」（明治20・3・22刻限御話）とお示しくださるように、こと精神の身上おたすけに取り組む上では、まずこちらの心が澄み切るよう努めなければなりません。

腹立ちのお詫びづとめ

そこで、もう五年ほど前になりますが、まず私自身が腹を立てない心を定めようと思案しました。しかし、そもそも人間が持つ感情として、喜怒哀楽といわれているものの一つでもあるのが「怒り」です。その怒りの感情に準ずる腹立ちを断つ、つまり腹を立てないなどという心定めは果たして出来得るものなのかと、そこでつまずいてしまい三日間悩みました。

悩んで出した結論は、「もし心を定めた後で、うっかり腹を立ててしまった時は、お詫びづとめをしよう」というものでした。

桝井伊三郎先生は、教祖から腹を立てることについて戒めを受けられ、「今後は一切腹を立てません、と心を定めた。すると、不思議にも、家へかえって女房に何を言われても、一寸も腹が立たぬようになった」（教祖伝逸話篇一三七「言葉一つ」）とお聞かせいただきますが、なかなか私はそのようにはなれませんでした。

腹を立てない心定めをしたのち、修養科の一期講師を仰せつかり、三カ月おぢばで勤めさせていただきました。この期間中は、おぢばの理の賜物と申しますか、本当に一度も腹を立てることなく勤め終えることができたのです。

しかし、ご用を終えて自教会へ戻ってから、立て続けに三度お詫びづとめをつとめる有様となってしまいました。

そもそもおつとめは、感謝の心や人様のたすかりを願ってつとめるものであるはずのところを、自分の不甲斐なさから「お詫び」としてつとめるわけです。なんと情けないことか。このなんとも情けない、申し訳なさ一杯でお詫びづとめをつとめた時の気持ちが、良い意味でトラウマとなり、それ以降は腹が立ちそうになると、その情けない気持ちが蘇ってきて心を治められるようになり、そう簡単には腹を立てなくなりました。これは、スピードを出しすぎて事故を起こした人が、スピードを出すのが怖くなるのと似た感じかもしれません。それでも、まあ年に一度程度でしょうか。腹を立ててお詫びづとめをさせていただくことがあります。まだまだ里の仙人には遠く及びません。

しかもそもそも誠真実の心とは、自分が腹を立てないのは当たり前で、もっと大切なことは「人に腹を立てさせない」ことだとお聞かせいただきます。

また聞くところによると、明石家さんまさんは腹を立てることがないそうです。さんまさん曰く「自分は腹を立てられる器でもない。そんなに偉くない。腹立って怒りたい人は偉いと思ってるんじゃないの、自分のこと」と、名言ですね。何とか、さんまさんに追いつきたいものです。

また、おたすけいただく上で大切な要素を『教祖伝逸話篇』に見ることができます。

それは、明治八年四月上旬、福井県山東村菅浜の榎本栄治郎さんが、娘の精神病のおたすけを願い出られた時のお話です。教祖から「心配は要らん要らん。家に災難が出ているから、早ようおかえり。かえったら、村の中、戸毎に入り込んで、四十二人の人を救《たす》けるのやで。なむてんりわうのみこと、と唱えて、手を合わせて神さんをしっかり拝んで廻わるのやで。人を救けたら我が身が救かるのや」とのお言葉を賜って郷里へ戻りました。家へ戻ると娘はひどく狂っていましたが、両手を合わせて「なむてんりわうのみこと」と、繰り返し願っているうちに、不思議にも、娘はだんだんと静かになったのです。それからは、村中ににおいがけをして廻わって、四十二人の平癒を拝み続けました。すると、娘はすっかり全快のご守護をいただき、のちに全快した娘には養子をもらい、救けていただいたお礼に娘夫婦を伴って、おぢばへ帰らせていただき、教祖にお目通りさせていただいた、というお話です（教祖伝逸話篇四二「人を救けたら」）。

二人分のつとめを

「人を救けたら我が身が救かるのや」と教えていただいたものの、肝心の精神病の当事者である娘さんは、その病があるために、本人はおたすけに歩くことができません。そこで教祖が父親に示された四十二人のおたすけとは、二人分の数字のように感じるのです。つまり二十一掛ける二ということです。

私は常々、二十一という数字には親神様の深い思惑が秘められていると感じています。おつとめの第一節は二十一回繰り返されますし、第三節も、かぐらづとめでは七回を三度繰り返して合わせて二十一回つとめられます。

また、これはある時ふと気付いたことですが、第二節「ちよとはなし」も、拍子木の打ちどころの数ではなく、単純に拍子の数を数えたら二十一拍子となります。

また二十一という数字には「じゅうぶんじゅうぶんたっぷりはじまる」という意味があるともお聞かせいただきます。

さらにおさづけのお取次ぎに際してお話をさせていただくときも、精神障害などで相手に直接お諭しができない場合は、当人に代わって近親者にお話をさせていただくようにともご指導があります。つまり統合失調症などの精神病を「たすけていただきたい」と願う人は、「たすかってもらいたい」と思っている相手の分も合わせて、二人分のつとめをさせていただくことが肝心だということを教えていただいているように感じるのです。またこのご逸話の通し番号が「四十二」であることも示唆に富んでいるように感じます。

しかし、精神病のにおいがけ、おたすけの現場では、当人はもとより、その近親者を信仰に導くことさえも難しい場合が多くあります。そんな時は、やはりおたすけ人である私たちが、近親者に代わって二人分のつとめを果たしていかなければなりません。そうなると、私たちは腹を立てている場合ではありません。しかし、このおたすけを通して自分自身が少しずつ心の成人へと導いていただいていることに気が付き、「心通りの守護」に浴することができると実感しています。

「心の皺」を伸ばすとは

私は八つの埃は二つのタイプに分かれていると思っています。それは無自覚、無意識に使ってしまいがちな心の埃と、意識的、自覚的に生じさせる埃に分けることができるというものです。

おふでさきに「一れつにあしきとゆうてないけれど一寸のほこりがついたゆへなり（一53）」「このみちハをしいほしいとかハいと よくとこふまんこれがほこりや（三96）」とお示しくださるように、惜しい、欲しい、可愛い、欲、高慢の五つが無自覚、無意識に使いがちな埃で、これが「一寸の埃」であり「小さな埃」と言い換えることができるかもしれません。残りの三つの埃は、憎い、恨み、腹立ちで、この三つは「一寸の埃」ではなく、むしろ「大きな埃」と言えるのではないでしょうか。

ゴミなどで散らかった部屋を掃除する時など、いきなり雑巾で水拭きから始める人はいないと思います。まず、ゴミや目に付く大きな埃を片付けて、それから雑巾がけなどをして隅々の小さな埃を掃除するのが正しい順序でしょう。

精神疾患を持つ人の多くが、この自らの「大きな埃」に苦しんでいます。実際、犯罪の被害に遭われた方などはPTSD（心的外傷後ストレス障害）などを発症し、なおさら簡単にはこの埃を払うことができず、一生涯かけても払いのけることなんてできやしないとさえ感じることもしばしばあります。

しかし「心の皺を、話の理で伸ばしてやるのやで」（教祖伝逸話篇四五「心の皺を」）とお聞かせくださいますように、たとえ心に皺があっても、それをやんわり伸ばしてあげることができたなら、きっといつかその埃も払われて陽気ぐらしができるようになると信じます。「現実は、そんなキレイごとのようにはいかないよ」と思う方も少なくないかもしれません。確かに、親を殺した仇の相手を最後に許す『恩讐の彼方に』の小説のようにはいかないかもしれませんが、それでも私たちは信じて歩み続けることしか他に道はないと考えます。

心の皺を伸ばすために必要なものは、アイロンがけを見てわかる通り、温もりと潤い、そして寄り添いです。急いでアイロンをかけると、余計に強く皺を刻んでしまうことにもなりかねません。むしろアイロンがけのように、綺麗に平らに皺を無くそうと考えず、皺があっても良いから、ゆったりと寄り添って少しずつ伸ばしていくことが肝心だと思います。

おたすけ人である私達は、小さな埃の掃除はもちろんですが、率先して、まずこの「憎い、恨み、腹立ち」という大きな埃を自らの心の中から掃除しておかなければ、温もりと潤いは相手に伝わっていきません。

父親を憎んだ娘のたすかり

もう十年以上も前になりますが、あるお年寄りの男性が夜分にたすけを求めて教会へ来られたことがありました。このままでは娘に殺されてしまうとの訴えで、見ると腕には無数の傷があり、とりあえずその日は教会に泊まってもらうことにしました。

これまでの経緯を尋ねたところ、少し前にその方の奥さんが病気で亡くなられ、娘と二人きりの生活が始まったのですが、葬儀も終わって一段落した頃から娘の様子がおかしくなり、「お母さんが亡くなったのは、お父さんのせいだ！」と毎日責め立てられるようになっていったとのことです。それが徐々にエスカレートして暴力的になり、包丁を持ち出して脅されるようになってしまったそうです。それで堪らず飛び出してきたという顛末でした。

父親によると娘は、うつ病で病院にも通っているけれど、日中、仕事にも行けているとのことで、後日、家を訪ねてその娘さんの話も聞かせてもらいました。彼女の父親に対する憎しみ、恨みというものが、ものすごく大きいということがよくわかりました。確かに父親はワンマンなタイプであり、亡くなった奥さんとも晩年は不仲で、「夫とは同じお墓に入りたくない」と娘にもこぼしていたらしく、いろいろなことが蓄積して母親が亡くなった後に爆発したような状況です。

しかしその感情の出し方は、病的要素も強いと感じましたので、さらに時間をかけて接する中で、彼女は統合失調症を患っていることがわかりました。

その後、父親はしばらく教会で生活し、修養科を修了の後、市内でアパート暮らしをするようになりました。この間も娘の憎しみは消えることなく、親子の断絶は長く続きました。父親を殺しに行くと言って握った包丁の指を、私の妻が一本ずつほどいて手から離し、二人で泣き合った日もあったそうです。

しかしそうこうするうち、父親に認知症の症状が現れてきて一人暮らしが難しくなり、施設へ入所した頃から娘の態度に変化が現れてきました。娘の口から父親を心配する言葉が出てくるようになったのです。

それなら一度面会に行ってみたらどうだろうかという提案も受け入れてくれ、私の妻が運転する車に揺られて定期的に面会に行くようにもなりました。

そんな穏やかな親子関係が再構築できたものの、父親は寄る年波には勝てず、数年後に娘に看取られながら老衰で息を引き取りました。

葬儀は家族だけのささやかな式だったけれど、そのぶん穏やかな時間の流れの中でお別れができたことは彼女にとっても良かったと思います。

その後、彼女は時に病気療養のための長期休暇を取りながらも公務員として勤務を続け、若干の早期退職ではありましたが、ほぼ勤めあげた形で退職することができました。

日々体調が変化しますので教会へ日参することはできませんが、週に二、三度は同じ病を持つパートナーを伴って教会へ足を運んでいます。

関係妄想に襲われやすい彼女は、団体でのおぢばがえりには参加できませんが、比較的に帰参者が少ない頃を見計らっておぢばへ帰り、別席も少しずつですが運んでいます。

この親子と関りを持った当初は、正直言って二人が和解できる日は来ないだろうと思っていました。しかし、まず互いの距離を取って生活し、それぞれに真実を注いで接して行く中で「なるほど」という日は必ず訪れるということを、このおたすけを通して学ばせていただきました。

病には悪性の概念は無い

私ごとになりますが、一昨年の秋に一度コロナ禍が落ち着いてきた折、久しぶりに献血へ足を運んでみました。そうしましたら、事前の血液検査で白血球の増多と逆に赤血球の減少を指摘され、これまで百回ほど献血してきた中で初めて献血不可と言われ、早期の内科受診を促されました。とりあえず懇意にしている内科医に診てもらったところ、悪性リンパ腫の疑いが強いとのことで、札幌の専門病院への紹介状を書いてくださいました。

悪性リンパ腫は白血病と同じく、いわゆる血液のがんと言われていますので、不安を抱えつつ紹介された病院で詳しく診てもらいましたが、結果は悪性リンパ腫の中でも発症頻度が低く、寛解しにくい節性辺縁帯リンパ腫という病気を発症しているとのことでした。その時点では心臓と肺にがんの浸潤があり、その他すべての臓器のリンパ節にがんが拡がっていて、がんのステージは四であると告げられました。

前章で、統合失調症は接し方によっては良性化するというお話を書かせていただきました。しかし、このリンパ腫という病気に良性のものはなく、リンパ腫は全てが悪性なのだそうです。

そのような病理解説を読んで、ふと心に浮かんだことがありました。それは、お道の教理に照らしたとき、病はそもそも全てが親神様からの「みちをせ（道教え）、いけん（意見）、てびき（手引き）」とお教えいただきます。ですから、すべての病にはそもそも悪性というものは存在していないのではないかということです。

たとえ病理学上は悪性であっても、その病気を通して光を見ることができ、心が勇んできたならば、どんな病気も良性であることに気付くことができるのではないでしょうか。そんなことを考えていますと、不安よりも感謝と喜びの方が大きくなってきました。

私は、お陰様で一昨年十一月より始まった抗がん剤治療が奏功し、寛解に至ることができました。いつまでかはわかりませんが、まだまだこの先も働かせていただけそうで、心はますます勇んでおります。

統合失調症も決して軽い病気ではありませんが、しかしこの病のおたすけを通して、当事者の方々に何か一つでも喜びを見つけ出していただくことができたなら、それが回復への第一歩になると思うのです。

その道中は、必ずしも平坦ではないかもしれませんが、心を倒さず、歩ませていただきたいものです。

鈴木顕太郎

依存症の回復を願って

はじめに——依存症と私の関わり

依存症に関わって、ずいぶん長い年限が過ぎました。毎月の月次祭の直会で展開されるお酒にまつわる大騒動を始め、日供の御神酒《おみき》を神様にお供えする前に飲んでしまう住込みさん、直会で酔って絡む人、酔った勢いで文句を言いにくる信者さんの姿など、私たち教会で生まれ育った子どもにとっても嫌な思い出が蘇ってきます。

私が天理大学を卒業後、おぢばのご用を終えて帰ってからの話です。教会で預かっていたアル中さん。普段は明るくて楽しい人が、お酒を飲むと目が座り、暴れ回り、平気で借金をして外でお酒を飲んでくる。時には包丁を持って暴れるので、目が離せない。今思えば、彼以外にも、今までに私はずいぶん多くのアルコール依存症の人たちとの関わりを持ってきました。

当時は「アルコール依存症」という言葉も知らなかった私は、お願いづとめをさせていただき、根性論や理責めで相手に言い聞かそうと、間違った対応をしていました。

そんな中、静岡県磐田市にある服部病院を知り、何回も入院させ、私も病院の家族会に足を運んで、初めてアルコール依存症を知ることとなりました。

アルコールに限らず、いろいろな依存症で苦しんでいる当事者や家族は、たくさんおられます。正しい依存症の知識がないため、当事者はもちろん、家族がさらに苦しみの中に落とされているのが現実です。

私も無知識、無理解から大きく間違った対応を、ずいぶんとしてきました。しかし、「ギャンブル依存症問題を考える会」代表の田中紀子氏（註1）との出会いによって、私の依存症の考え方は、大きく変わりました。それまで常識だと思っていたことが大きな間違いで、依存症に拍車をかけている対応だったと気付き、目から鱗《うろこ》の話をたくさん聞かせてもらい、驚いたことを今でも忘れられません。

そして、田中氏の全面的な協力をいただいて、天理教ひのきしんスクールとして「依存症のおたすけ講座」を、おぢばや全国で開催、「依存症たすけあいの会」をおぢばで立ち上げました。

今も多くのネットワークを持つ田中氏にもたすけていただき、「依存症といえば天理教。天理教といえば依存症と言われるようになって！」と尻を叩かれ、そんな日がくることを夢見ながら、依存症の啓蒙や講座の開催、そして全国から寄せられるおたすけの相談に関わってまいりました。

第一章　依存症とは その一

依存症は病気

依存症というと、まず思い浮かぶのは、根性のない人、だらしのない人などといったことを想像すると思います。ですから、根性論で言い聞かせたりするのが、家族やおたすけ人にありがちな対応です。私も当初はそんな対応をしてきました。そして、常に依存症が付いて回る泥沼のような状況に、私も教会も陥っていたのです。

依存症を知る上で一番大切なことは、依存症が病気だということです。依存症は、ある特定の物質（アルコールや薬物、食べ物、ニコチンなど）に依存する「物への依存」と、プロセス（ギャンブルや買い物、セックス、窃盗、ネットゲームなどの行為）に依存する「行為依存」があります。依存症とは、このように依存することで、問題が生じているにもかかわらず、なかなかそれを自分の意志で止めることができない状態になることです。

これは世界保健機構（ＷＨＯ）でも「病気である」と認めています。
もう一つ、人間関係の「共依存」と言われるものもあります。これは第八章で説明します。

快楽の源――ドパミン

さて、依存症が病気というなら、いったいどんな病気なのでしょうか。それは、脳の中で化学変化が起きている病気です。

脳の中には、およそ一兆個の神経細胞がありますが、その中の神経伝達物質の一つの「ドパミン」が依存症に深く関わっています。

ドパミンは、報酬系と呼ばれ、快楽を感じる直接の源となっている物質です。これだけだと、何か危ない物質のように思うかもしれませんが、私たちが生きていく上では、大きな役割を持っています。「頑張っている自分へのご褒美」として、ドパミンが脳内に出ることによって、さらに励みとなって、仕事に勉強に、スポーツにと頑張ることができるのです。

もしこのドパミンが出なかったり、少なかったりしたら、人は努力することを諦めてしまうかもしれません。このドパミンが出るお陰で、私たちは頑張ることができる大事な役割を持ったものだということが分かると思います。

しかし、一九五〇年代までは、ドパミン自体は、生理的な働きはしていないと考えられていましたが、一九五九年、大阪大学の佐野勇教授らによって、ドパミンは、脳で神経伝達物質として運動の制御に深く関わる、独自の仕事をしているのではないかと考えられるようになってきました。

一九六〇年、エーリンガーとホーニキーヴィッツは、パーキンソン病の患者の大脳基底核の中の「線条体」という場所に、ドパミンの量が非常に少ないことを見つけ、一九六一年には、ビルクマイヤーとホーニキーヴィッツはドパミンの前駆体であるL・ドパを患者に静注すると、注射後数分以内に、動くことのできなかった患者さんが立ち上がって歩き出したことを報告しています。

私たちも、何かに集中しているときは、空腹も痛みも、嫌なことも忘れているという経験があると思います。だからドパミンは、「生きる意欲を作るホルモン」とさえ言われています。

しかし、その後、パーキンソン病治療薬として、患者にドパミンを増やす薬を投与すると、ギャンブル依存症者が多発することが報告されて、依存症とドパミンとの関係が分かってきました。

ドパミンが欠乏するとパーキンソン病や、ドパミンが減ることによって起こるうつ病などに代表される精神疾患や、無気力、集中力の低下など、生活する上での大事な部分が侵されてしまいます。反対に多すぎると、幻覚や妄想、強迫性神経症になったりすることが報告されています。依存症は、まさにこのドパミンの多量放出で起こる脳の病気だということです。

依存症になると、神経伝達物質のドパミンが増えるだけでなく、受け皿になる受容体も増えて、通常の数のドパミンでは快楽を感じなくなり、意欲の低下だけでなく、絶えずイライラしたり、不安になったりと、落ち着いた生活ができなくなってしまいます。

依存症の特徴

飲酒、薬物、ギャンブル、ネットゲームなどの行為を繰り返すことで、脳がだんだんと変化を起こして、それらの欲求を自分でコントロールできなくなり、社会生活をする上での優先順位が狂って、本人の健全な生活が脅かされてしまいます。

たとえば、寝ること、食べること、働くこと、勉強することなど、生活する上で当然優先すべき事柄が、依存症になってしまうと、脳が報酬（ドパミン）を求めてエスカレートした状態になり、順番が狂って、仕事や勉強、食事や睡眠まで取れなくなってしまい、本人の健康や心に悪影響を及ぼすようになります。遂には一時的なストレス発散のつもりが、絶えずそうした行為をしないと落ち着かず、いつも脳からの呼びかけ（指令）に依存行動が止められなくなってしまう病気なのです。

そして、大概はその行為を続けるために借金が膨らみ、多重債務者となって、時に犯罪まで起こす場合もあります。こうしたことで、家族まで巻き込んでしまうのが依存症の特徴の一つでもあります。

近年起こっている横領事件の裏には、ほとんどギャンブル依存症が絡んでいると言われています。しかし、今まで社会の依存症者への対応は家族はもちろん、困った人、根性のない人として根性論での対応や、あるいは家族の恥として隠蔽《いんぺい》され、排除されてきました。

そして、もう一つ依存症が厄介なことは、「否認の病気」（註2）だということです。依存症者は、自分は依存症と認めることができず、既に止めることをコントロールできていないのに、自分はいつでも止められると思っていて、病気であることを否認します。

それと、アルコールや薬物などの依存症者は身体的影響が出てきますが、それ以外の依存症者は見た目には全く変わりがなく、見つけにくいのが特徴です。これは、依存症者自身が、生きづらさから自分を守るための自己防衛として依存行為をしているのなら、それを認めることができないのは当たり前のことかもしれません。

もう一つ、依存症者には特徴的なことがあります。それは、アンビバレンツ（同じ事柄に相反する感情を持つこと）な気持ちで苦しんでいるということです。どんなに依存症の行為を止めたくないと思っていても、「このままではいけない」という思いと、どんなに止め続けていても、「やりたい、飲みたい、使いたい」と心のどこかで思っているということです。

ですから、決して根性がないのではなく、依存症者は絶えずこの二つの感情の狭間で苦しんでいる人たちと言えると思います。

依存症者から、「もう絶対したくない」という言葉が出た時には、依存症の知識のない家族や周囲の人は、「やっと分かってくれたか」と安心しますが、回復した者や依存症の知識がある人からすれば、「まだまだ危ない」状態なのです。反対に、「まだ、やりたい、飲みたい、使いたい気持ちが起こってくる」と言われれば、普通は「まだそんな気持ちでいるのか」と怒りを覚えるでしょう。しかし、回復した者や知識を持っている者は、「やっと素直になって認めることができた。これで回復への道のスタートラインに立てるかな」と考えます。これほど、依存症の知識を持っているかいないかで、受け止め方や対応の仕方に大きな違いが出てくるのです。

こんなにややこしい依存症という病気ですが、がんと同じく早期発見・早期治療は効果的です。完治することはとても難しい病気ですが、止め続けることで、回復の道につながっていくことができる病気なのです。

そのためには、同じ依存症で苦しんでいる、また起伏の道を歩んでいる仲間のいる自助グループへつながり、一生止めるという大きな目標ではなく、一日一日止め続けることを学び、支え合っていくことが有効だと言われています。

（註1）田中紀子氏＝ご主人と共にギャンブル依存症から立ち直った経験を活かし、依存症者をたすけたいと、精力的に全国を飛び回っている。著書に『三代目ギャン妻の物語』『ギャンブル依存症』『家族のためのギャンブル問題完全対応マニュアル』がある。

（註2）「否認の病気」＝本人が病気と認めないこと。

《参考資料》

・「依存症対策」厚生労働省ＨＰ

・『現代社会の新しい依存症がわかる本』樋口進編著　日本医事新報社刊　二〇一八年

第二章　依存症とは その二

第一章では、「依存症」について基本的なところを述べてきましたが、さらにこれを深めて説明したいと思います。

依存症になると、人はどう変わるのか。依存症が起こすさまざまな問題、そして依存症の発症の元を考えることは、この病に関わる者にとって大事なことです。

コントロール障害

依存症者は、アルコールが好きで飲みつぶれるまで飲んでいる人。自制心がなく、好きでギャンブルにはまっている人。お金がないのに、高価な買い物をしている人。犯罪である薬物に手を出す身勝手な人などなど、意志の弱い、だらしのない人間とレッテルを張られているイメージが強いと思います。

また、依存症者の家族は、そんな恥ずかしい依存症者のことを、一族の恥、他人に知られたくないと隠したがります。そして、ほとんどの場合、多重債務などの問題が起こり、その支払いを家族が立て替えて、これだけ面倒を見たのだから、もう二度としないだろうと思います。また、当事者も、たすけて欲しいと懇願して、時には涙を流して反省の態度を見せますから、家族は「こんなに反省しているのだから、これで止めてくれるだろう」と思ってしまいます。そして、「これで一件落着、もう二度としないだろう」と、みんなが安心します。

第一章でアンビバレンツ（同じ事柄に対して相反する考え）について触れましたが、依存症者の誰もが、今の自分でいいとは思っていません。コントロール障害といわれるように、自分自身をコントロールできないで苦しんでいる人たちということを分かった上での支援が大切だということです。

私もこれまで、依存症が原因で多重債務の問題を起こし、行き詰った人たちの相談を受けてきました。家族はもちろん、当事者は返済の目途が立たず、自殺まで考える状況です。返済をしても、振り込みの証拠をすぐに捨ててしまう人が多く、ほとんどの人は借金の全体像も分からないのが普通です。本人は毎日返済のことで頭がいっぱいで、どうしたらお金を工面できるかと、そのことで仕事も手につかなくなっています。ですから、仕事のミスも増え、信用も失いやすくなります。

また、ほとんどの人が、お金を都合するためならどんな嘘もつくようになります。それも第三者が聞けば、まる分かりのような稚拙《ちせつ》な嘘までつくのです。自尊心も当然なくなり、お金を作ることだけが脳を支配し、まるで別人格のように変わっていきます。時として、借金問題に触れられると、逆切れして家族を苦しめることさえもあります。

しかし、当事者は決してそれが良いと思っているのではなく、依存症という病気に支配された上からの言動で、そうした言動を取る自分に対して、ますます自暴自棄になって、再び依存の世界に落ちていくという、負のスパイラルに陥っていきます。

しかし、そんな彼らに対して、あれほど約束したのに、あんなにたすけてやったのにと思っている家族親族、援助している人たちにとって、再飲酒や、ギャンブルなど依存行為をしてしまう依存症者に対しての裏切られ感は、どれだけ大きいか計り知れないものがあるのは当然のことです。しかし、それは、依存症者に関わる人たちが依存症という病気がさせていることを知らないので、そう思ってしまうのです。いや、分かっていても心に治めるのが本当に難しい病なのです。

だからこそ、家族親族は当事者を責め続けて、さらなるストレスを与えてしまい、依存症へと追いやってしまっているという現実を学ばなければなりません。

「スリップ」と言われる失敗を繰り返す病気で、決して当事者自身の意志の弱さではないということを、しっかりと心に治めて関わることが大切です。

依存症者はストレスとの闘い

私たちは、日々の生活の中でさまざまなストレスを感じながら生活しています。全くストレスを感じないという人はいないだろうと思います。しかし、ほとんどの人はそれを上手に発散して生きています。ゴルフや釣り、カラオケ、ドライブ、旅行、音楽を聴くなどさまざまな趣味を通して、発散しているのかもしれません。人によっては、お酒を飲むことかもしれません。頑張って貯めたお金で、欲しかった高価な買い物をして発散している人もいるでしょう。また、パチンコなどギャンブルをすることで、ひと時の幸せを感じて、リフレッシュして、また仕事を頑張る人もいるでしょう。

現代は、何でも時間短縮を良しとする風潮があり、こうしたリフレッシュをするためにも、あらゆる方法が取られています。眠気を一瞬にして取る方法として、カフェイン系が入っているドリンクであったり、冷暖房も瞬時のうちに効果のあるものが開発されたりしています。私たちの生活そのものが、便利快適を求めすぎた結果、反対に我慢する機会が少なくなって、目先の快適さを求めるようになった今、依存症になる危険性は誰もが持っていると言えるでしょう。

便利快適な生活を求めてきた現代は、動かなくても何でもできる自動化やリモコンの時代になって、何も我慢しなくても、自分の思い通りになると勘違いをさせているようにも思います。全て思い通りになる万能感が強まり、思い通りにならない時の耐性が弱い時代になりました。また、便利快適になりすぎたために、苦労や我慢などを経験する機会が奪われて、耐性が育ちにくい時代に突入しています。

こうした現代に生きる私たち、また育ってきた子どもたちは、ストレスに弱く、感じやすく、溜まりやすくなっている現代に生きていますから、ストレスを感じれば誰かのせいにして、発散するクレーマーが増えるのは当然でしょう。

こうした時代になれば、何とかしてストレスを発散しようとしますし、何でも簡略化する時代ですから、短期のストレス発散を試みるでしょう。

短期にストレスを発散するものとしては、アルコールや薬物といった物質、ギャンブルや買い物、セックス、盗癖、またはネット・ゲームなどの行為などが言われていますが、嗜好性《しこうせい》の強いものを繰り返し使用することによって、急性の中毒症状が見られ、さらに続けていけば依存性が起こり、依存症の発症ということになっていきます。

こうしたことがなぜ起こるのかといえば、快感や喜びに大きく影響する脳内報酬系、神経伝達物質の「ドパミン」が大きく関与していて、依存症がこの報酬系の正しい運用を狂わせてしまいます。繰り返し依存物質を使ったり、依存行為をしたりすると、ドパミンが異常に出続けることになり、ドパミンに対して脳の反応がだんだん鈍くなり、さらに量を増やし続けないと、快楽や喜びを得ることができなくなります。そして、焦燥感や不安、イライラした感情が起こって、依存物質や行為を使い続けざるを得ない状況になってしまいます。

ネズミを使った実験で、レバーを押すと薬物が体内に入り、快楽が得られるようにしておくと、ネズミは食べることも飲むことも忘れてレバーを押し続け、餓死してしまうそうです。生命の維持に重要な、本能的な行動さえ取れなくなって、単なる快楽から依存症（コントロール障害）へと変化していくことが分かりました。

しかし、サイモン・フレーザー大学のブルース・K・アレグサンダー博士は、一九七〇年代後半に行った薬物の依存性調査実験「ラットパークの実験」で、仲間と交流できるのびのびとした環境に置かれた「楽園ネズミ」と、一匹ずつ檻の中に孤立させられた「植民地ネズミ」の双方に甘くしたモルヒネ水を与えたところ、植民地ネズミの多くが、大量のモルヒネ水を摂取しました。苦い、まずいモルヒネ水にしても、植民地ネズミはそれを求め続けました。一方、楽園ネズミの多くは、仲間との交流を優先し、飲んでも植民地ネズミの二十分の一程度の少量しか飲みませんでした。仲間同士の交流という楽しみがネズミを薬物依存にさせなかったのです。

この実験は、依存症の発症には、薬物の持つ依存性以上に孤立やストレスの影響が大きい可能性を示唆しています。

実験には続きがあります。モルヒネ漬けの植民地ネズミを「楽園」に移したところ、楽園ネズミたちとじゃれ合い、交流し、モルヒネ水ではなく普通の水を飲むようになりました。このことは、排除され、孤立することのない環境の方が依存症から回復しやすい可能性を示しています（註1）。

このお道の教えは、個の教えだけではなく、親神様がこの世をお創りくださった時から、九億九万九千九百九十九人という運命共同体の教えで、たすけ合うことから始まったと聞かせていただいております。また、八千八度の生まれ変わりの時も、生命がたすけ合うことで進化して今日に至ったとの教えからしても、まさにラットパークは、運命共同体としての営みが、依存対象を変えたと言えるのではないかと思います。

依存症のおたすけの基本には、根性論でなく、依存症者を理解し、認め合った上で、共にたすけ合い、生きていくということが大事だと思うのです。親神様のお望みくださる「陽気ぐらし」の世界が、まさにそこにあるのではないでしょうか。

依存症になる人の特徴と背景

「孤独の病気」とも言われる依存症。誰もが依存症になる危険性はありますが、誰もが発症することはありません。

では、依存症になる人たちと、そうでない人たちには、どんな違いがあるのでしょうか。依存症に関わる研究などの文献では、自己肯定感、自己評価の低い人がなりやすいとされています。それは、私もこれまで依存症の人たちと関わってきて感じています。

依存症者に限ったことではありませが、人間関係からのストレスが大きく影響することは、誰でも感じるところです。しかし、その感じ方の差は、人が育っていく上での成育歴が大きく影響していると思います。

両親の夫婦関係や親子関係、また、経済状況などさまざまな要因で、自己肯定感が育ちにくくなることが分かっています。自己肯定感が低いと、あらゆることに対しての反応が変わってきます。人の目を気にする。必要以上に自分を責める。自信がない。チャレンジする前に諦めてしまう。人に褒められても嬉しくない、信じられない。人から言われる言葉に傷つきやすいなど、いつもストレスを感じやすいのです。

ですから、美味しいからお酒を飲む、楽しいから、嬉しいから買い物をする、ギャンブルをすることもあるでしょうが、こうした日々のストレスから自分を守るためと、「〇〇をしなければ、やってられない」と、困難や苦しい出来事からの緊急避難的な要素もあるのだろうと思います。

もちろん、そんな必要のない自己肯定感の高い人からすれば、人生から逃げている落伍者と思うでしょう。だからこそ、自己肯定感が低いと言われる依存症者は、人に相談することもできなくなり、ますます自分の殻に閉じこもり、こんな苦しい思いの中、依存してでも頑張っているのだからと、依存することを肯定して依存症の深みにはまっていくのです。

依存症者の脳からの呼びかけ。「おまえから酒を取ったら、何の楽しみもないだろう。少しだけ量を減らせばいいじゃないか。それに今までつらい時、悲しい時、いつも慰めてくれたのは酒だったはずだ。これから先、酒なしでこの辛い人生を生きていけないはずだ。おまえの気持ちを一番理解してくれたのはお酒だったろう。妻も子どもも同僚も、おまえのことを分かってはくれないよ。おまえには家族も仕事もある。今は休んでいるけど、少し前までは、誰にも負けないほど働いてきたじゃないか。それにおまえは、酒を止めようと思えばいつでも止められるじゃないか」（註2）

こうした、自分の中からの甘いささやきの言葉と闘っているのが依存症者です。決してだらしなくて依存行為をしているのではないのです。依存症者は、「使うも地獄、止めるも地獄」という板挟みの中で生活しているのです。ですから、ただ止めればいいという簡単なことではなく、知識を持たない人の間違った援助は、依存症者をさらに追い詰めて、時に自殺という事態を引き起こすことも少なくありません。

「たすけているつもり」が、実は叱咤激励がますますストレスを与えてしまったり、依存症者の尻拭いの行為をしてしまったりと、結果、自分の起こした問題と向き合うことをさせず、もっと依存しなさいと手助けをしている場合がほとんどです。

依存して、自分も苦しみ、周りの人たちも苦しみに巻き込んでしまう依存症。そうした問題行動を許そうと言っているのではないのです。私たちお道のおたすけは、依存しなければならない本元の心に目を向けて、病の根を治すおたすけ、心たすけだと思うのです。

正しい情報を

私たちは、マスコミなどの報道によって思考が支配されているように思います。

例えば、殺人事件や悲惨な事件が頻発して、日本はとんでもない危険な国になってしまったと思っていませんか。かつては、ほとんどの刑務所が定員オーバーの時代がありましたが、今では、殺人事件やその他の犯罪件数は激減して、刑務所や少年院の入所率はどんどん下がって、刑務所や少年院の統廃合が進んでいるというのが現実です。

実際、薬物事案で危険な殺傷事件はありましたが、殺人事件全体の薬物事案の占める割合は、それほど多くはありません。

最近報道される高齢者の交通事故のニュースで、高齢者の事故が多発しているように感じますが、若年層の交通事故に比べたら、はるかに少ない数です。高齢者の事故だけを特段取り上げて毎日のように報道されるのを見ていると、いつの間にか勘違いをさせられてしまいます。若者の事故件数の多さを考えれば、極論ですが、若者にこそ免許を出すことを差し控えなければならないとさえ思います。

依存症も同じで、マスコミが依存症者の起こす事件の報道、特に芸能人や有名人の薬物事案の報道は、依存症の歪んだ取り扱いが多く、ますます依存症者への非難の意識を強めて孤立させ、再犯の道へ誘うようなことになっているように思えて仕方ありません。

さまざまな依存症の報道も、正しい知識と真実を知った上で判断することが絶対に必要です。


（註1）ブルース・K・アレグサンダー教授の実験は彼と同僚によって実施され、一九八〇年に発表された。厚生労働省発刊『依存症って？ ～依存症を「正しく知って」「支えるため

に」〜』より

（註2）新阿武山病院医療福祉相談室室長　坂本満講演録より

《**参考資料**》

・こころの科学182「病としての依存と嗜癖」成瀬暢也

・「依存症対策」厚生労働省ＨＰ

・『現代社会の新しい依存症がわかる本』樋口進編著　日本医事新報社刊　二〇一八年

・『世界一やさしい依存症入門』松本俊彦著　河出書房新社刊

第三章　物への依存 ～アルコール依存症

物への依存

物への依存といわれるものには、アルコール、薬物、たばこなどがあります。

薬物というと、大麻や覚せい剤、危険ドラッグなどを思い出す人が多いと思いますが、実は私たちの周りにある、簡単に手の届くところにある処方薬や市販薬などにも、その依存症者（特に若い人たち）が多いのも現実です。違法な薬物だけが物への依存の対象ではないということです。

アルコール依存症

お道とアルコールは、ご神饌の御神酒や直会での飲酒を始め、切っても切れない関係にあると言えるでしょう。

アルコールは、ほとんどの人が上手に付き合い、人間関係のために大いに効果を発揮しています。お酒を飲むと陽気になって、人前で話すのが苦手な人の緊張をほぐしてくれる効果もあり、お祝いの席などでは場を盛り上げ、反対に気分が落ちた時には、気持ちを楽にさせてくれるなど、その効用は「酒は百薬の長」と言われています。

実際に、適量のお酒では、アルコールがＬＤＬ（悪玉）コレステロールの増加を抑え、ＨＤＬ（善玉）コレステロールが増加して、血液が血管の中で詰まりにくくなるため、心筋梗塞や狭心症など虚血性心疾患を予防する効果が確かめられています。

しかし、毎日大量に摂取すれば中性脂肪が増加し、ＨＤＬコレステロールの低下、ＬＤＬコレステロールの増加につながります。さらに血圧上昇や高血糖状態も引き起こします。適量の飲酒なら問題ないと言えるでしょう。

高齢者は適度な飲酒を守ることで、生活習慣病などの病気のリスクを防ぎ、寝たきりの生活なども防ぐことができます。

こうした良い面もあるのがアルコールですが、現在、約十五％の高齢者が飲酒に関連した健康問題があり、退職後の生きがいの喪失や、配偶者や友人との別れなどによる寂しさから、高齢者のアルコール依存症も増えて、全体の約三％になっています。

高齢者の大量の飲酒は脳血管疾患、転倒による骨折、認知症などさまざまな疾患のリスクを高め、寝たきり生活の原因にもなります。

さらに高齢者になると、代謝機能も低下し、アルコールが分解しきれず肝臓などの臓器への障害も引き起こします。また飲酒量が増え、食事量が減ってしまうと低栄養状態も引き起こします。若い人と比べ、高齢者は体内の水分量が少ないため、アルコールを分解する際に脱水状態になりやすいとも言われています（註1）。

こうした身体的問題の合併症として、肝臓・膵臓・胃・食道などに障害が起こります。精神症状としては、イライラ・不眠・不安・うつ・幻覚・妄想などが起こります。社会的問題としては、仕事や人間関係の破綻・飲酒運転・借金などです。そして、そのことが原因で家庭内での夫婦や親子関係の破綻問題が起こります。こうしたさまざまな問題を引き起こすのがアルコール依存症です。

私がこれまで関わったアルコール依存症の人たちも、お酒さえ飲まなければ良い人たちばかりです。お酒を飲むことによって、人が変わり、あらゆるトラブルを引き起こし、周りの方との人間関係が壊れていき、家族からも社会からも孤立が始まります。

最初のうちは、家族や周りの人たちは何とかたすけたいと、本人に一生懸命言い聞かせたり、借金の後始末をしたり、家中のお酒を隠したり、あるいはすべてのお酒を捨てたりと、必死に対応します。

しかし、依存症に陥った人は、何としてもお酒を飲まなければやっていけない身体、脳になっていますから、どんなことをしても飲もうとします。料理酒はもちろん、味醂《みりん》までも飲んでしまいます。もちろん、お酒を飲むために借金もします。消費者金融はもとより、親族、知人、隣人と借りて回り、家族が借金問題の整理に入ってみると、その額とたくさんの相手に驚かされます。お酒を飲むためには、どんな嘘もつき、依存症を認めようとしません。

こうしたことは、依存症者独特の「否認の病気」から起こることだと知らない家族や支援者は、「だめな奴だ。根性がない。借金を面倒見たのに裏切られた」と、再び飲酒をすることにショックを受けて、人間関係が壊れていきます。

私も、依存症の正しい学びをするまでは、同じ失敗を繰り返していました。今は、むしろ依存症者の家族が何とかしたい思えば思うほど、正しい知識がないゆえの仕方のない行動だと思っています。

しかし、その代償はあまりに大きく、依存症者はもちろん、家族の精神的、経済的影響は計り知れないものがあります。だからこそ、正しい依存症の知識を学ぶことを何とか広めたいと思って、「ひのきしんスクール」や「依存症たすけあいの会」で啓蒙や相談の活動を続けています。

▢アルコール依存症への対応

何度も書いてきましたが、依存症は「否認の病気」と言われるように、自分は依存症ではないと信じています。いや、そう思わなければやっていけないのかも知れません。

家庭でも、職場でもお酒で人間関係はもちろん、身体まで壊しているのに、「いつでも止められる。たまたま飲み過ぎただけ。これからはもう迷惑はかけない。大丈夫」。こんな発言をアルコール依存症の人たちからはよく聞きます。周りの家族や関わる人たちは、「これだけの問題を起こしていて、本人は飲酒問題があることは分かっているはず。なぜ分からないのか」と思ってしまうのが当然のことです。

だから家族や支援者は、本人がアルコールで問題を起こして周りに迷惑をかけていることを説明して、飲酒行動の間違いを認めさせさえすれば改めるに違いないと信じて、必死に説得をします。

しかし、否認の病気ですから、依存症者はなかなか認めようとしないばかりか、むしろ責任を他に押し付け、そういうことを言うから飲んでしまうのだと、ますます悪循環の中に落ちていきます。

そこで、依存症者が落ちるところまで落ちて、すべてを失い、心底たすかりたいと思うまで手放して、いわゆる「底つき」と言われる状態を待つことだと言われてきました。中途半端な支援は、結局、「やっぱり何とかなった」と反省する機会を奪い、再びアルコール依存への手助けをしてしまうことになってしまいます。

しかし、現実は借金問題や健康問題、家庭を巻き込んだ大変な状況に、家族が疲労困憊する事態に陥ります。家族や支援者も、その間何とか止めさせようとしますが、アルコールは法律で許された合法なものですから、どこでも手に入るし、身体も脳も壊したアルコール依存症者は、お酒だけが自分の苦しみを取ってくれるもの、自分の苦しみを一番分かってくれるものと、どんなことをしても飲もうとします。

私も長い間、たくさんの方々とお付き合いをしてきましたが、身体を壊してまでも飲みたくなる彼らの心の内を少しでも分かってあげることができたら、ずいぶんと依存症者への対応は変わっていたと思います。そうすれば、依存症者は飲酒の原因を他者のせいにしにくくなります。

でも、本当に彼らの心を開かせるのは、当事者同士だと言われています。何といっても当事者の言葉であり、聴いてくれる雰囲気です。怒りもしない、依存症者の「止めるのも地獄」「飲むのも地獄」の板挟みで苦しむ気持ちを分かってくれる仲間、同じ依存症で苦しんでいる仲間、苦しんできた仲間たちです。

それは、何も言わなくても、依存症者の誰にも言えない心の内の苦しみを知っているからです。だから「否認の病気」と言われる依存症者が心を開くのだと思います。

依存症者の心を開く一番は、当事者と言われています。自助グループと言われる依存症者の集いが必要だと言われる由縁です。

依存症の学びを通して、私も相手のことを思って、怒ること、責めることは絶対にしないようにしてきました。そして、たくさんの依存症に苦しむ当事者だけでなく、その家族に寄り添う大切さも今は実感し、確信しています。その心は、やはり大きな親心、教祖の御心だと思っています。

なぜ、アルコールにはまるのか

ほとんどの人がお酒と上手に付き合っているのに、なぜ依存症になるまでアルコールにはまっていくのでしょうか。

当事者の声を聞くと、リラックスや気分転換、快感や人間関係のつながりや居場所を求めたり、コンプレックスの解消だったり、自信をつけるため、現実逃避、苦しさや不眠などの対処のためにアルコールを利用して、いつの間にか止めるに止められない泥沼の生活に入ってしまったという話が多く聞かれます。

誰しも、人生に辛いことは付きものです。そんな負《ふ》の部分からの解放のためにとアルコールにはまっていく人たちが、案外多いように思います。だからこそ、アルコール依存症になる人たちは、意志の弱い、根性のない人間とレッテルを張られるのかもしれません。しかし、そんな人たちが、すべてアルコール依存症になっていくかといえば、決してそうではないことは皆さんも知っての通りです。

人の生い立ちはさまざまで、その性格も十人十色です。元々持っている依存体質もあるでしょうし、何よりも、育っていく中で自己肯定感が育たなかった人たちは、自分の苦しさを吐き出すことが苦手であったり、解消することが下手だったり、気持ちを自分の中に閉じ込めてしまう人が多いように思います。一見、普通の良い人のように見えるのとは反対に、こうした内面を持っている人が多いように思います。

もちろん、アルコール依存症になれば、その生活態度が変わり、とても常識では考えられないような行動になっていくので、なおさら偏見の目で見られてしまいます。

見えない心の内を見ることは難しいことですが、私たちが人と関わっていく中で、相手の立場に立って関わっていくことができたならば、その関係は良くなっていくはずです。「蒔いた種通り」との御教えから言っても、相手の思いを汲んだ種を蒔けば、こちらの思いを汲んでもらえる芽が生えるはずです。心を閉ざす依存症者への対応にも、同じことが言えると思います。少しでも「否認の病気」の依存症者の心が開き、前に向かう気持ちが起きればと信じて関わっていくことです。

正しい場所へつなぐ

さて、依存症の中でも、アルコール依存症は、肝臓を始め身体に大きな影響を及ぼします。身上に現れた時こそ、依存症者を医療へとつなぎ、足を運ぶ機会です。家族にとっても願ってもないチャンスです。

しかし、このチャンスを生かすには、依存症の正しい知識を持って、治療リハビリをしてくれる病院、医療者の元につながなければなりません。

すでに危険な状態にまでなってしまった依存症者に対して、身体的治療のみで対応されると、お酒を飲める身体に戻してくれるだけで、依存症から抜け出せる折角のチャンスを逃がしてしまうばかりでなく、さらに飲酒へと推し進める結果になってしまいます。

お酒で壊れた身体を治すことはもちろん、お酒によって壊れた心、変貌した脳の仕組みを分かった上での治療、リハビリにつないでこそ、ピンチがチャンスとなるのです。

入院中の依存症の学びの場や、依存症者の集いの場への誘い、カウンセリングなどを通して、自分と向き合い、精神的にも立ち直るようにしてくれる病院、医療者につなげることです。しかし、現実にはこうした依存症に対する対応のできる病院は少なく、アルコール依存症と分かると、入院をさせてもらえないことすらあるのが現実です。

「否認の病気」と言われる依存症ですが、アルコール依存症者が身体を壊した時は、信仰者として、お願いづとめやおさづけの取次ぎはもちろんのこと、正しい治療プログラムを持つ病院へつなぐことがとても大切になってきます。

神の懐住まいとは

私は、今まで依存症のおたすけに関わり、教内での啓蒙や相談をしていく中で、今、お道はおたすけの大事な分岐点にあると感じています。

お道では、「この世は親神様の懐住まい」と教えていただいています。親神様は、この世にありとあらゆるものをご用意くださり、「互いにたすけ合って、陽気ぐらしをするのを見て共に楽しみたい」との親心いっぱいで、お働きくださっています。

しかし、これまでは世上にたすけを求めるのではなく、自分一人で何とかする、お道の中での自己完結型のおたすけが一番との思いが強かったように思います。私もそんな思案に取りつかれてきました。陽気ぐらしへのおたすけがいつの間にか行詰まり、陰気ぐらしのおたすけになっていたように思います。

全ては親神様のお計らいで、懐住まいをさせていただいている私たちです。罪も罰もない心通りの中に、陽気ぐらしへと導くためにお見せくださる身上、事情であります。「反対する者も可愛我が子」との御教え通り、全ての人は親神様の子どもであり、親神様の親心いっぱいの中の私たちです。医療や福祉などの社会的資源（註2）も、陽気ぐらしをするために、文字の仕込み、知恵の仕込みをしてくださり、その上で生まれてきたものです。

お道の中だけでの、自己完結型のおたすけが誤っているというのでは決してありません。「だめの教え」ですから当然のことです。しかし、もっと視野を広げて、思案を重ねて、親神様が陽気ぐらしのために知恵の仕込みをしてくださり、ご用意くださったものを大いに使わせていただくことは、思召に適うことではないかとの思いに至りました。

依存症は本当に厄介な病気です。家族を巻き込み、自分自身ではどうすることもできなくなってしまう病気です。まず、飲みたくてたまらない状況や、多重債務などで考える余裕もない状況から切り離して、落ち着いた環境を作ることです。そのために社会資源を使って、健康な心に、真っ当な判断のできる脳になってもらうことが、依存症のおたすけで最初にすべきことです。

今は、社会資源も十分に使い、周囲の環境を整えて、人たすけに邁進させていただくことが大事なことです。その段階を経て、依存症者がようやくこの「だめの教え」を聞くことができるようになり、真のたすかりへと誘うスタートが切れるのだと思います。

これは依存症者本人のみならず、関わる人たち、家族にも同じことが言えます。「共依存」という迷路に迷い込んだ人を救い出し、正しい家族関係に導くことも大事なことです。

依存症は家族の病気

依存症について何も知識がなかった頃、私は住込みさんに何とかたすかってもらいたいと、どれだけ必死になっていたことでしょう。お願いづとめはもちろんのこと、教会内のお酒の扱いなどなど、今思うと笑えてくることがいっぱいです。毎日のお供えの御神酒は絶対になくすわけにいかず、本人に飲ませないようにと、一升瓶にマジックで目盛りの線を引いたこともありましたが、敵もさるもの、中のお酒を水で薄めてきました。何よりも、医薬や世の中にたすけを求めたら天理教の負けだと、意地になって「自分がたすけるのだ」と、ずいぶん粋がっていたように思います。

毎日、「飲むのではないか」「酔っぱらって暴れて帰ってくるのではないか」と、いつもそのことで頭がいっぱいになり、こちらの精神がおかしくなり、持病の心臓病、高血圧にも影響が出るぐらいの状況でした。酔っぱらって、包丁を振り回す住込みさんとの取っ組み合いの最中に心臓発作が起こり、普段優しい妻が、「会長が死んだらあんたのせいだ」と、その住込みさんの胸ぐらをつかんで大声を出すこともありました。

当時は、たくさんの大酒飲みがいて、楽しい月次祭の直会をしていました。そんな中で、一人寂しくお酒を飲むことができずにいる住込みさんと、みんなと離れて食事をしたり、横にぴったりとついて飲ませないようにしたりと、ずいぶん苦労もしました。お陰で大酒飲みだった私も飲まなくなり、今思うと私がたすけられたのだと思っています。

そんなことが度々あり、「アル中」との誤った認識から、アルコール依存症の学びにつながり、アルコール依存症と分かると市内の医療機関では相手にしてくれないことも分かり、専門病院へとつなぐことができました。

お酒が抜けて相手が素面《しらふ》の時に、これ以上のお世話は私も教会も限界との旨を告げ、でも何としてもたすかってもらいたいからと入院を勧めて、やっと専門病院につなぐことができました。三カ月でワンクールの入院でしたが、簡単に治る病気ではありません。五回もの入院を繰り返しましたが、お酒を止めることはできませんでした。

今思うと、本人だけが変わっても、周りが変わらなければ生きづらさは変わらない。それが、再飲酒につながってしまう大きな原因だと気が付きました。だから、依存症は家族の病気とも言えると思います。依存症は、親神様が家族の再構築のチャンスをくださったとさえ思えるようになりました。
どんなおたすけも、当然、当事者に目がいってしまいがちですが、誰が困っているのかをよく見極めることが必要だと思います。案外、当事者よりも家族の問題が多いことに気が付くことがあります。

（註1）長寿科学振興財団ＨＰ　健康長寿ネット「酒は百薬の長は嘘か？　本当か？」より
（註2）利用者のニーズを解決するために活用される制度、機関、人材、資金、技術、知識などの総称。公的な機関、社会保障制度、ボランティア、サービスなど、多面にわたって多数ある。

《**参考資料**》
・こころの科学182「アルコール依存症の心理とその支援」澤山透著
・「依存症対策」厚生労働省ＨＰ
・『現代社会の新しい依存症がわかる本』樋口進編著　日本医事新報社刊
・『ボクのことわすれちゃったの？　―お父さんはアルコール依存症―』プラスアルハ著　ゆまに書房刊

・『世界一やさしい依存症入門』松本俊彦著　河出書房新社刊
・季刊Ｂｅ！増刊号No.24「はまった理由」ＡＳＫ刊
・『依存症のすべてがわかる本』渡辺昇監修　講談社刊

第四章　物への依存 ～薬物依存症

薬物依存とは

私の若い頃は、シンナーの乱用がピークの時代でした。私の友人の何人かがシンナーを吸っていました。その後、彼らは社会人として働き、今はみんないいお爺ちゃんになっています。しかし、その中の二人は年を重ねても止めることができず、一人はシンナーを吸ったまま、ビニール袋に頭を入れて死んでしまいました。

現実には、薬物にはまっていく人とそうでない人がいるということを考えると、必ずしも薬物だけのせいとは限らないと言えます。

何故薬物にはまるのか

薬物依存症者は、どうして薬物にはまったのでしょうか。

薬物にはまった理由には、ストレスの対処、リラックスや気分転換のため、快感を求めるため、つながりや自分の居場所を求めるため、コンプレックス解消や自信を持つため、現実逃避のため、苦しさや不眠の対処のためなどからの使用だと言われています（註1）。

人間は、さまざまなストレスの中で生きています。普通はそのストレスをいろいろな方法で解消して上手に生きていますが、元々心の痛み、大きなトラウマや喪失感を抱えている人は、ストレスの発散が苦手な人が多いように思います。自分の心の内を理解してもらえず、そして、自分の居場所が見つからず、居心地の良い居場所や理解者をいつも探しています。「シンナーを吸っている仲間が、覚せい剤の売人が一番の理解者で、居場所を与えてくれた」という薬物依存症者は少なくありません。

人が薬物に手を出すのは多くの場合、つながりを得るためなのです。薬物使用が本人にもたらす最初の報酬とは、快楽のような薬理学的効果ではなく、関係性が作られるという社会的効果なのです。そして、忘れてはならないのは、違法な薬物を使ってでも人とつながりたいと願う人は、その思いが強く、自分には居場所がない、誰からも必要とされていない、という痛みを伴う感覚に苛まれ、人とのつながりから孤立している可能性があると言われています（註1）。

どんな薬物があるのか

一つは、脳の働きを抑えるもので、モルヒネ、ヘロイン、鎮静剤、アルコール、有機溶剤、大麻、抗不安薬、睡眠薬などがあります。

この薬物を少量でも摂取し、血中濃度が比較的保たれている場合、脳の中の思考や道徳心、他者への配慮や共感を司る大脳皮質の働きが抑制され、緊張や不安を和らげる作用があります。反面、普段は大脳皮質によって抑制されている感情や本能的な欲求といった原始的機能を司っている辺縁系《へんえんけい》という部位の活動が高まり、感情の起伏が激しくなりやすく、衝動的に暴力をふるったり、性的欲求が抑えられずに問題行動を起こしたりすることがあります。

大量に摂取した場合、血中濃度が上がり、大脳皮質だけでなく、辺縁系の働きまで抑制され、意識を保つことも難しくなって倒れ込んでしまい、さらに血中濃度が高くなれば、呼吸や心拍、血圧などの生命維持機能を司る脳幹まで抑制されて、血圧の低下や自発呼吸ができなくなり、死に至ることもあります。

もう一つは、脳を興奮させるものとして、覚せい剤、コカイン、ニコチンなどがあります。

この薬物を摂取すると、脳内で血圧、心拍数が上昇して、眠気が吹き飛んで意識が冴え、食欲が失せて空腹も気にならなくなります。そして、あらゆることに積極的になるだけでなく、攻撃的な気分が高まります。一時的には仕事や勉強などへの意欲が高まり、前向きに取り組んでいくことができるようになり、高揚感の高まりを体験します。

しかし、反面この薬物を多量に使用していると、不安感が高まり、周りの人たちに対して疑心暗鬼《ぎしんあんき》の気持ちが強くなってきます。そうして、警戒心が非常に強くなり、少しの音や影などに不安を覚えて、行きつくところ幻聴や妄想などの精神病の症状が出てきます。

さらにもう一つは、中枢神経に影響して、感覚が敏感になって、音楽がはっきりと聞こえて、素晴らしい音に酔いしれ、性感が高められて異常なほどの快感を覚え、五感に大きな影響を与えるＬＳＤ、ＭＤＭＡなどがあります。

常習性は低いと言われていますが、一回の使用でも、錯乱状態や精神病状態を引き起こして大変な事態となり、暴力事件や交通事故など社会を騒がす問題を引き起こすこともあります（註2）。

薬物依存症の歴史

薬物の乱用期は、過去三期に渡って起こってきました。

第一期は、一九五〇年代で、この時はヒロポンと呼ばれていて、戦時中に使われていたものが戦後市中に出回り、乱用者が急増しました。一九五一年、覚せい剤取締法が制定され、厳しい取締まりの結果、乱用者は激減しました。

第二期は、一九七〇年代に入り、経済成長から不景気の時代に移り、暴力団が新たな資金源として覚せい剤の密売に手を出し、当初は歓楽街に広まりました。一九七〇年代後半から八〇年代にかけて、歓楽街から郊外へと一般の人たちにも広がり、薬物事犯の検挙者が増加をしました。第一期の時とは違い、高濃度の覚せい剤が出回り、幻覚・妄想状態や意識障害を起こすようになってきました。

一九八一年、無差別殺人「深川通り魔殺人事件」は、当時の人たちを震撼させ、恐怖に陥れました。その後の薬物乱用を防止するキャンペーンで、「覚せい剤やめますか、それとも人間やめますか」のセンセーショナルな標語が作られ、今なお、「ダメ。ゼッタイ」などの考え方が主流になって、薬物依存症者への間違った見方が、薬物依存症者の回復の大きな弊害となっています。

第三期は、一九九〇年代後半、バブルの崩壊と共に起こってきました。覚せい剤はスピードやエスなど現代的な言い方で呼ばれるようになり、危険ドラッグなどと共に、痩せる、眠たくならない、異常なセックスの興奮が得られると言われ、若年層や主婦層にまで蔓延《まんえん》していきました。

合法な処方薬や市販薬なら、なかなか気付き難いかもしれませんが、ニュースやワイドショーで、芸能人などの逮捕のたびにセンセーショナルな取り扱いをされ、薬物依存のことを改めて認識する人がほとんどだと思います。

しかし、実際は薬物依存症者やその家族は大変な思いをしています。薬物依存症も「否認の病気」ですから、違法な薬物使用者ならなおのこと否認をします。まして、見つからずに使用していると、当人はやがてくる身体的、社会的危険性に気付こうとしません。むしろ薬と上手に付き合って、ばれなければ今が最高と思っています。

治療か刑罰か

こうした薬物依存症者たちも、有名人が逮捕され、テレビや新聞、週刊誌などを賑わせると、日本では徹底的に叩きのめすような報道がされます。実際に法律違反を犯したことに間違いはありませんが、すべての業績や作品から人格まで否定するようなことで、本当に良いのかと思うほどです。

保護司、教誨師として、更生保護、矯正保護の現場に少なからず関わる者として、実際この対応が何の意味もなく、薬物事犯者の立ち直りの道を妨げているし、むしろ再犯防止どころか、再犯の後押しの大きな原因になっているとしか思えません。

現在、日本での犯罪件数は間違いなく減少傾向にあります。しかし、再犯率は高く、その多くは薬物事犯と言われています。薬物事件に対するマスコミを中心にした間違った報道により、彼らを受け入れる環境を極めて狭くしていることも大きな要因の一つです。

もちろん、刑務所内でも、十分とは言えませんが、薬物に対する学びの場が提供されていますし、仮釈放されれば、保護観察中は、保護観察所にて定期的な尿検査や薬物に関する講習、保護司との面接を通して更生の歩みのサポートを受けていますが、薬物への依存性は強く、再犯する人は後を絶たないのが現実です。

一番の問題は、刑罰として刑務所に入れておけば薬物依存症が治るかといえば、それは難しいということです。刑務所内にいれば、確かに薬物から離れる期間は確保されます。しかし、依存症は病気ですから、正しい治療につなげなければ、再発するのは当たり前ということです。刑務所から出れば、簡単ではないにしろ、薬物が手に入る方法を知っていますから、薬に依存していた脳は、厳しい社会に放り出されれば、ストレスから逃げるために薬を使うことを促すようになります。

薬物依存症が病気だということがもっと多くの人に理解され、社会の理解度が進めば、彼らの居場所ができ、治療や自助グループにつないでいくことができるようになり、再犯率は間違いなく下がると思います。

せっかく頑張って薬物を止めている人たちが、テレビで薬物の映像を見たりすると、抑えていた薬物使用の脳内の回線に火がついてしまうそうです。そして、全人格否定のようなコメントは世の中の偏見を増幅させ、依存症者にますますストレスを感じさせ、薬物依存へと誘ってしまうのが現実です。厳しい批判や攻撃の社会の中では、再犯を食い止めることは難しいのです。

「いちれつきょうだい」の教えに生きる私たちこそ、薬物依存症者を大きな心で受け止めることができるはずです。

いかに治療へつなげるか

薬物依存に苦しむ彼らを、どうしたら断薬、治療へと導くことができるのか。

前にも書きましたが、依存症者は、薬物を止めたい、やりたいとの相反する気持ちを持っています。問題は彼らの心の内をいかに理解し、受け止めることができるかということです。断薬を強要し、叱責したくなるのは家族なら当然のことです。しかし、結果は何も良いことはありません。おたすけに関わる場合も同じです。

彼らは、止めたいという気持ちをいつでも持っています。しかし、当事者が正直に話をしても、家族は信じることができず、ますます心を閉ざしてしまいます。家族が正しい知識を学び、薬物依存症者に対する対応が変わると、家庭環境が変わり、当事者が心を開き、素直になって向き合うチャンスが生まれます。

松本俊彦先生（註3）は、薬物依存症の専門病院に赴任した当初、薬物の「害」について患者に懇懇と説教していたそうですが、「害の話はもうやめてくれ。先生の知っている薬物の害なんて、本で読んだだけの知識だろう？ こっちは自分の体を使って十五年以上も臨床実習をしてきたんだよ。先生なんかよりはるかに詳しい。それなのにこうして病院に来ている。なぜだか分かるか？」「俺は薬の止め方を教えて欲しいんだよ」と言われたそうです。確かに、わざわざお金を払ってまで説教など聞きたくないでしょう。

先生は以後、善悪の判断を棚上げして、「今回、薬物を使いたくなったきっかけは？」「薬物のメリットは？」と、謙虚に患者に教えを乞うようにしていった結果、「薬を使いたい」「使ってしまった」と正直に言える場所となり、少しずつ薬物を止める患者が出始めたとのことです。

こうした薬物依存症者を心配する親や、止めさせたいと真剣に願う家族の思いを効果的に伝える方法がアメリカで開発されました。動機づけ面接法を応用したＣＲＡＦＴという手法で、その有効性が認められ、七十％前後の確率で治療につながるという良い成果が出て注目されています（註4）。

自己肯定感の低い依存症者にどう向き合うのか、どんな声掛けをしたら良いのかなど、家族やおたすけをする人にとって学ぶことが多いと思います。

おたすけは、人間の信頼関係の構築の上に成り立つものです。対象者の心を開いてもらい、天の理が伝わることが大事で、そのためには家族はもちろんおたすけ人が、教祖の御心のような大きな温かい心になることを、依存症は教えてくれているように思います。

どの依存症にも言えることですが、依存症者にばかり目がいってしまいがちです。依存を止めさそうと必死になってしまいますが、薬に依存しなければならない環境を変えることこそが大事で、一番のキーマンはその家族なのです。

家族は、依存症者が引き起こす事件や多額の借金問題などに翻弄《ほんろう》されて、正しい判断もできなくなっています。いわゆる共依存の状態になってしまいます。家族も心穏やかになって、冷静な判断ができるようにならなければ何の解決にもなりません。借金問題の尻拭いだけをしていると、さらに依存症の深みにはまる手伝いをしているだけになっていることすら気が付かずにいます。

そんな家族の苦しみからたすける道筋を教えてくれるのは、家族の会などの自助グループです。同じ苦しみを味わってきた仲間の声に救われ、良かれと思ってやってきた間違いを教えてもらい、家族が自分らしさを取り戻し、心身ともに健康になって、依存症者に向き合う力をもらうことができます。

「共依存」や「自助グループ」については、改めて説明します。

依存の抑止のためには

依存症者は、元々心の痛み、大きなトラウマや喪失感を抱えている人が多く、ストレスの発散が苦手な人が多いと前に書きましたが、そんな彼らの心の内を理解した上での関わりが、治療へと向かわせる力になります。

依存症は「否認の病気」です。だからこそ、気が付いた時には重症化してしまう危険性が高いのです。そうした基本的なことが分からずに、依存症者と向き合うことは決して良い結果を生みません。

何らかの心の闇の部分を持っていると思われる依存症者に寄り添うことがなければ、彼らは居場所が見つからず、同じ薬に手を出している仲間の所に居場所を求めてしまうのです。そして、スリップという再使用をしてしまいます。

久里浜医療センター院長の樋口進先生は、「再使用を責めてはいけない。止めたいと思っていても使うことは、謝罪するべきことではない。再使用という病気の症状が出たからといって患者を責めるのはおかしい。多くの患者は、再使用したときに自ら止めなければと思っているが、家族や治療者から再使用を責められると苦しくなり、逆に欲求が高まる。『やめさせる』のではなく、『寄り添い続ける』ことが大切である。これまで私たちは、イソップ寓話の『北風と太陽』の北風の役を疑うことなく果たしてきた。しかし、薬物依存症患者に必要なのは信頼に裏付けられた太陽である」と言っています（註5）。

薬物依存になってしまった人たちへの関わりは、寄り添いであり、薬に依存しなくても安らぐ心の居場所の提供なのです。

しかし、薬物依存に限らず、依存症に関わる人たち、家族やおたすけ人は、当事者でなければ分からない苦しみを、無理にこじ開けてでもたすけたいと思ってしまいがちです。もちろん、当人をたすけたいと真剣に思っているからこそのことですから、悪気は全くないでしょう。

でも残念ながら、そうした対応はますます心を閉ざさせ、依存症へと追いやってしまっていることは間違いのない現実です。「正しい、間違いない」と思い込んでいますから、ますますその思いは強くなり、依存症者を苦しめるだけでなく、思うように事が運ばないために、再使用されると裏切られた感はかなり強く、たすけたい思いいっぱいの家族自身をも苦しめることになります。

「薬さえ止めてくれたら」と願う家族の思いとは裏腹に、最悪の道をたどることになります。そんなことが繰り返されれば、家族もおたすけ人も依存症者に巻き込まれて、全員が疲弊してしまいます。

薬物依存症から抜け出すには、周りがいかに手助けしても、本人自身が気付かなければどうしようもありません。薬物への抑止へとつながる良い関係は、寄り添いが絶対に必要です。そして家族ができることは、家族が元気になって、正しい寄り添いと正しい判断ができるようになることです。

そのためには、自助グループの家族会に参加し、たくさんの失敗談と正しい道筋を、同じ苦しみを経験した家族から聞かせてもらい、学ぶことです。そうすることで家族の受け止め方、関わり方が変わってきます。そうすると、依存症者の環境が変わります。こうした中で、治療や自助グループへつなげるチャンスが生まれてくるのです。

依存症のおたすけに関わる人たちも、依存症者だけにターゲットを絞らずに、否認の病気の依存症者の環境を変えるために、その家族に寄り添い、家族自身が心身ともに元気になっていけるように、その苦しみを共有してサポートすることも大事なおたすけです。

むしろ、否認の病気の依存症者を何とかすることより、家族に寄り添い、心身共に元気になっていただき、依存症者の環境や家族の関わりを変えていくことの方が近道と思っています。

具体的対応は

最初のうちは、家族は薬物使用に気付きにくいものです。しかし、使用が重なれば、身体的にも精神的にも、もちろん薬物購入費用の増加で多重債務問題も起こり、経済的にも問題が起きてきます。さらに薬物依存が進んで、幻覚幻聴などの症状が出るようになれば、社会的問題も引き起こすようになってきます。

使用を見つけた時には、当然、非難は厳禁です。薬を隠したりしないで、本人が素面の時に、家族が辛いことや、「心配だから治療に向かって欲しい」などと冷静に伝えることです。暴力を振るうようになっても、暴力で抑え込もうとしないこと。家族はできるだけその場を離れて、自身の安全を守る必要があります。時には警察の保護を要請せざるを得ない場合もあるので、事前に保健所または保健福祉事務所などに相談しておく必要があるでしょう。

社会的な問題を起こすようになった時、家族の責任として金銭問題などの尻拭いをしてしまいがちですが、そんな時こそ、自分で責任を持たせるために、素面の時に冷静に何をしたのか、薬を止めて治療回復への道を望むことを伝えることです（註6）。

地域の精神保健福祉センターや保健所、「ダルク」などの自助グループ、専門の医療機関などに、家族がまず相談をすることです。家族会に行けば、たくさんの情報も手立ても教えてもらえます。

その他の物への依存

物への依存には、他にニコチン依存症なども挙げられます。どちらにしても、止めようと思っても止めることのできないコントロール障害を起こしています。

ニコチン依存には、将来肺がんのリスクが高いことを知っていても吸ってしまう、喫煙者の八十％の人がいると言われています。日本では、未成年者喫煙禁止法があり、未成年の喫煙は禁止されていますが、ほとんどの人は未成年時代に喫煙の経験があると報告されています。また、喫煙者のほとんどが禁煙の経験者ですが、失敗も経験しています。

現代では、喫煙者にとっては喫煙場所がずいぶん限られて、肩身の狭い状況になっています。しかし、禁煙外来も保険対象になっており、禁煙しやすい環境になっています。日本では、たばこの自動販売機の乱立や、女性の喫煙者が増えているとのデータもあります。

喫煙者の低年齢化は、重大な健康被害をもたらすのみならず、少年非行の入り口として健全育成の観点から大きな課題がある、との指摘もあります。

（註1）季刊Ｂｅ！増刊号No.24「はまった理由」ＡＳＫ刊
（註2）『薬物依存症』松本俊彦著　ちくま新書
（註3）松本俊彦氏　国立精神・神経医療研究センター精神保健研究所薬物依存研究部部長兼薬物依存センターセンター長
（註4）吉田清次＋ＡＳＫ『ＣＲＡＦＴ―アルコール・薬物・ギャンブルで悩む家族のための7つの対処法』
（註5）『現代社会の新しい依存症がわかる本』樋口進編著　日本医事新報社刊
（註6）『家族を依存症から救う本』加藤力著　河出書房新社刊

《参考資料》

・「依存症対策」厚生労働省ＨＰ
・こころの科学182「薬物依存症」小林桜児著
・『現代社会の新しい依存症がわかる本』樋口進編著　日本医事新報社刊
・『家族を依存症から救う本』加藤力著　河出書房新社刊
・『薬物依存症』松本俊彦著　ちくま新書
・季刊Ｂｅ！増刊号No.24「はまった理由」ＡＳＫ刊

・『依存症のすべてがわかる本』渡辺登監修　講談社刊
・『世界一やさしい依存症入門』松本俊彦著　河出書房新社刊

第五章　行為への依存～ギャンブル依存症

増加するギャンブル依存

プロセス依存の一番は、何といってもギャンブル依存でしょう。

日本では、賭博などは禁じられていますが、公営の競技（競輪・競馬・競艇・オートレース）と、遊技（パチンコ・スロット）、そして投機（株式取引・外国為替証拠金取引＝ＦＸ）などの他に宝くじ（宝くじ・ロト・スポーツ振興くじ）などがあり、ＩＲ法案が可決されたので、これからカジノ運営も始まります。

また近年、株や商品先物取引など、前記のＦＸがらみの相談も増えていると聞きます。

これらは「ギャンブル依存ではない。れっきとした金儲けである」と、本人が自分に言い聞かせても、気が付けば借金地獄に落ちているという構図です。

ギャンブルにハマる心理

近年、ストレスの時代とも言われますが、ＩＴ技術の進歩はすさまじく、情報化社会が進み、大変便利になりました。その反面、人とのつながりが弱くなったことや、地域社会で良い人間関係を育んでいた相互扶助の考え方や、それを支えていた伝統や文化が忘れ去られて、地域社会が崩壊し、倫理道徳感の大きな変貌、一人暮らしの増加や、少子化による自己中心的な考え方の増幅や、格差社会など、さまざまなストレスにさらされる社会になっています。

こうしたストレスの対処の一つとして、いろいろなものやプロセスに依存してリラックスを計ったり、気分転換をしている人がたくさんいると思われます。

お小遣いが少ないなどと不満に思う人にとっては、ギャンブルによって儲けがあった時、コンプレックスの解消や自信につながったということもあるでしょう。

あるいは、何も考えずギャンブルに夢中になっている時だけが、嫌なことを忘れられると、現実逃避のためにギャンブルをしている人もいるでしょう。

また、いろいろな苦しさや大切なものを失った喪失感から、心に大きな穴ができた時、ギャンブルの刺激が、その穴を埋めてくれたという人もいるでしょう（註1）。

さらには、こうした依存行動で感じる快感が、次への力の源になっているという人もいると思います。

ギャンブル依存にハマる環境

社会には、いろいろなストレスを抱えた人がたくさんいます。こうした人たちが、一番身近で気軽に取り組めるギャンブルが、パチンコ・パチスロです。ですから、ギャンブル依存症の多くがパチンコ・パチスロだと言われるのです。依存症治療の医療者の話を聞くと、ギャンブル依存症の相談が一番多いと言います。

それと、近年オンラインギャンブルといって、インターネットを通じて馬券などを購入して、手軽にギャンブルをすることができるようになり、ますます依存症にはまりやすい環境になっています。

こうしてギャンブルを続けていると、脳内ではドパミンが大量放出されるようになり、その快感がますます忘れられなくなり、ストレスから緊張が高まると、簡単に快感を得ることができるギャンブルに手を出して、解放感を味わうことを繰り返すようになっていきます。

そして、対人関係の苦手な人ほど、ギャンブル依存にはまりやすいとも言われています。

依存症は進行性の病気

ギャンブルの初期の段階では、まだ問題は生じませんが、進行性の病気ですから次第に止められなくなり、負ける金額も大きくなっていき、遂には借金を繰り返します。そして、ほとんどの人たちは多重債務者となってしまいます。

こうした人たちは、ギャンブルが終わってしまうと、「またやってしまった」という後悔が襲ってくると言います。そして、誰もが「もう二度とギャンブルはしない」と誓いますが、ストレスが溜まれば、「こんなに頑張っているのだから、少しのお金で遊べばいい。これまで、ギャンブルだけがおまえを楽にして、癒してくれただろ」と、脳からいつもささやかれ、またギャンブルに手を出してしまいます。

こうなってくると、頭の中はギャンブルでいっぱいになります。大切な試験や、仕事の途中でも、商談があっても、ギャンブルが一番となってしまい、そして、社会的信用も失っていきます。

こうしてギャンブル依存症が進行していく中で、問題なのは否認の病気だということです。「いつでも自分は止めることができる。だから依存症ではない」「貯金もある。定期預金や保険など、家にはまだお金がある」と考え、周りからの注意に耳を傾けることもなくなり、世間の認識からどんどんずれていきます。

さらに問題なのは、ギャンブルを客観的に見ることができなくなって、負け続けているのに、「あれがまずかった」と変に分析をして「次は勝てる」と思い込み、勝つまで深追いして、ギャンブルを止めることができなくなることです。

依存症者は、負けたら止めるということはなく、借金はギャンブルで勝つしかないと、他の返済方法を考えることができなくなってしまいます。

傍から見たら誰でも、あれだけ負けたらもう止めるだろうと思いますが、逆にギャンブルで取り返そうとする、とても信じられない行動を取ります。万が一にも勝てば、ますますドパミンが出て、ギャンブルから離れられなくなっていきます。

間違った手助け、援助

こうした状況になれば、多重債務はどんなに隠しているつもりでも、家族や周りの人たちにばれてしまいます。

当然、本人は必死になって嘘をついて隠そうとします。財布を落としたとか、会社の大事なお金を落としたとか、大切な友達に頼まれてお金を貸したとか。私も依存症のことをあまり知らない当時は、一緒になって落とした財布を探したり、警察に届けたり、教えられた住所を頼りに、居るはずもない友達を探し回ったことがありました。高額な金利から膨れ上がった借金の額を聞かされ、また、当時の消費者金融の取り立てに怯《おび》える親族と一緒に、ずいぶん立て替えをしてきました。

もちろん、本人は泣いて詫びますし、二度としないことも約束します。何も知らない頃は、誓約書を何枚も作り、署名させたか分かりません。こんなに反省もして、これだけ面倒を見れば、さすがに後悔して二度とギャンブルには手を出さないだろうと、信じていました。

確かに、依存症者は返済で頭がいっぱいで、本当に二度としないと思っているはずです。しかし、そんなことをしても何の意味もありません。前にも書きましたが、実は依存症という病気はアンビバレンツといって、全く相反する気持ちを持っている病気だからです。心の中では、止めたいという気持ちとやりたいという気持ちが同時に起こっているのです。「これで借金地獄から抜け出せる。もう止めよう」という気持ちもあれば、「やっぱり何とかなった。またできるかも……」という二つの気持ちがあるのです。

コントロール障害、約束実行障害という病気ですから、ギャンブルを止めることはできません。また失敗を繰り返してしまいます。

家族や親族、援助をした周りの人たちの失望感や裏切られた感は、相当なものです。当然、約束を裏切った依存症者に対しては、厳しく責めます。時には、立ち上がれないくらいの罵声を浴びせることもあると思います。

しかし、みんなの信頼を裏切った依存症者は、反省をしていないことはありません。そんな自分が辛くて、情けなくて、どん底の思いをしています。

コントロール障害、約束実行障害の病気ですから、家族や関係者は、借金の返済などの尻拭いは決してたすけることにはならないことを理解しなければなりません。むしろ、無駄な支援は、ギャンブル依存症をさらにひどくさせるための手伝いをしているだけということを、分かって欲しいのです。

私もそうでしたが、支援者は、こうして依存症者をたすけているから、この程度で治まっている。もし、手助けをしていなければ、どんな犯罪を起こしたかもしれないと、支援していることを正当化し、また、どうにもならない、むしろ悪化していく状況下であっても、自分にそう言い聞かせて慰めている場合が多く見られます。

家族ですから、借金の立て替えなどの手助けをして、立ち直らせたい、早くひとり立ちさせて安心したいと思ってしていることは、やむを得ないかもしれません。

しかし、これは依存症や多重債務についての正しい知識を持たないから起こる、全く無意味な、たすけることとは真逆の行動なのです。

依存症という病気がこうした問題を引き起こしているということを学び、当人の根性では決して治らない病気だということを学ぶことなく、依存症者の支援はありえません。

ギャンブル依存になりやすい人、なりにくい人

ギャンブル依存症は、女性よりも男性の方が九割以上、発症しやすいと言われています。発症しやすい人は、負けず嫌いで、落ち着きがなく、強迫的な傾向が強い人。衝動性が高く、刺激を求めやすいなど行動的な人。年齢は四十代を中心に、若いうちに発症すると言われています。また、時間やお金にある程度融通が利きやすい環境にある人。アルコールやニコチンなどの依存傾向が強い人。持病としてうつ病などの心の病を持っている人が多いとも言われています。

さらに、ギャンブルを始めた頃に大勝ちをした経験（ビギナーズラック）を持ち、その時の幸福感が忘れられず、ギャンブルにはまっていく人たちもいます。

反対に、ギャンブル依存になりにくい人は、落ち着いた性格、お金が自由に使えない人、心の病がない人、中高年の女性と言われています。

もちろん、多くの人はギャンブルを娯楽として楽しんでいる人たちです。そこには、ギャンブル好きと、依存症の違いがあります。

まず、問題は何といっても掛金でしょう。普通の人は、たとえ負けたとしても、娯楽の範囲内で楽しむことができ、仕事や勉強などは当然普通にこなして、ギャンブルはあくまでも生活の一部分でしかありません。

しかし、依存症になってしまうと、頭の中はギャンブルのことが離れず、どうやって時間を作ろうか、どうやって掛金を作ろうかとなっていき、借金をするなどの問題を起こしてまでも賭けることを止めません。また、仕事や勉強、人との大事な約束があっても、ギャンブルを止められません。

依存症特有の思考や行動

依存症は脳の病気と何度も書いてきましたが、依存症によって脳が変化してしまうと、普通では考えられないような思考や行動をすることがたくさんあります。

それは、脳の中の意思決定などに関わる前頭前野が、依存症が続くことによって機能が低下して、ギャンブルだけには異常に反応し、他の楽しいことには反応しにくくなってしまうからです。

また、側坐核《そくざかく》などからなる報酬系では、快感を得るとドパミンが放出されますが、依存状態が続くと、ギャンブルをしていても十分な快感が得られなくなってしまい、さらなる快感を求めて、ギャンブルを続けることを求めるようになってしまいます。

　ギャンブル依存症になってしまうと、脳機能に異常が起こり、自分ではギャンブルを止められなくなってしまいます。どこまでもギャンブルを続けていないとおれない状態になってしまうのです。普通の人は、好きでギャンブルをしていると思うかもしれませんが、依存症になると、好きでギャンブルをしているわけではありません。

　ギャンブル依存症の人には、普通の人ではあり得ない思考が起きます。負けた時でも、「もう少しこの機械（台）に掛金を注ぎ込めば、きっと大当たりするはずだ」。スロットでリーチがかかると、「これで大当たりが出る。今回だめでも、もう少しお金を突っ込めば、必ず大勝ちする」と、どれだけ負けても、ギャンブルで取り返すことだけを思い込み、深追い状態になります。まともな判断ができなくなり、損をし続けてしまうのが依存症の人たちです。

　だから、家族がどんなに優しい言葉や、厳しい言葉を駆使して止めさせようとしても、脳機能の異常状態が続いていますから、一時は家族の思いに応えようとしても、自分の意志の力だけではどうすることもできず、失敗を繰り返してしまうのです。ついには多重債務状態に陥り、時として窃盗や横領などの犯罪まで起こして、家族を巻き込んで、さらなる依存症の深みにはまってしまうのです。

どうしたら治療につなげられるのか

家族や依存症者に関わる人たちが、まずこのことをちゃんと理解して、脳機能の異常状態を改善するためには、治療やその後のリハビリという療養へとつないでいくことが、絶対に必要だということを学ばなければなりません。

ギャンブル依存症も「否認の病気」ですから、どんなに借金地獄に陥っても、本人の自覚は難しく、まだ何とかなると思っています。

家族が多重債務の状況を薄々気付いていても、むしろ借金のことを尋ねても、依存症者は嘘で言いくるめようとします。時には逆切れすることもあり、なかなか口に出すことができずにいます。突然、高額な多重債務の現実を突きつけても、それでも嘘を言い続け、ギャンブルを止められず、家族は「これはおかしい」と感じるようになります。本人は「病気ではない」と思っていますから、家族が気付いた時にはいち早く動くことです。

地域には必ずある、保健所や精神保健福祉センターに相談することです。そして、近隣の医療機関の情報を聞きましょう。また、相談員に現状を伝えて、今後の対応を相談しましょう。

インターネットで、久里浜医療センターの公式ホームページを検索すると、専門医療機関や回復施設の情報、ギャンブル依存症に対応できる機関も掲載されています。こうした機関では、自助グループの情報も知ることができます。

本来なら、ギャンブル依存症者が医療機関へつながり、治療を受けることが一番ですが、否認の病気ゆえ、それが一番難しいので、本人が行かなくても家族が医療機関に相談をして、家族会があれば積極的に参加することです。

そして、ギャンブル依存症者がGA（ギャンブラーズ・アノニマス＝家族、友人のための自助グループ）の当事者グループにつながれば最高です。家族会の自助グループ、ギャマノンにまず家族がつながり、これまでの苦しみ、心に溜まったものを吐き出し、多くの失敗を重ねてきた先輩家族の話をたくさん聞くことです。回復の道を歩み出した家族の成功例をたくさん聞いて、心の支えを貰うとともに対応の仕方を学ぶことです。

そうすると、家族が依存症者に振り回されない生活、適切な距離を保ちながら安心な生活を取り戻すことができます。依存症者の起こすさまざまな言動に対して、家族は正しい対処ができるようになり、変化が現れてきます。

泣いたりわめいたり、大きな声でお金の請求をしたりと、依存症者に振り回されてきた家族は、先輩の話を聞いているうちに、これまで良かれと思ってやってきた尻拭いの行動が一番間違っていたと気付きます。依存症者との距離を保ちながら、優しい愛での対応から、強い愛での対応「タフラブ」へと変わります。

これまでと違う家族の「タフラブ」の対応に、ギャンブル依存症者はさらに強い態度で接してきますが、先輩たちの話を聞いていると、これまで情に流されてきた対応から、毅然とした対応を取り続けることができるようになります。そこで初めて、依存症者が自分と向き合うチャンスが生まれてくるのです。誰かが尻拭いをしてくれて、「やっぱり何とかなった」という依存症者特有の思考回路に、変化が起こります。

おたすけ人がこうした家族に関わる時、負けそうな家族に寄り添い、支えてあげることです。そのためにも、おたすけ人も依存症の学びが絶対に必要です。こうした中で起こってくるチャンスを逃すことなく、依存症者を医療機関や自助グループにつなぐことです。

治療につながった、その後が大切

一時はギャンブルを止めて、普通の生活に戻りたいと、医療機関や自助グループにつながっても、すぐに脳の機能障害が治ることはありません。むしろ、依存症者の脳の中では、何とかギャンブルをさせようと、ささやきが続きます。ちょっと辛くなった時、「これまでも一番の癒しはギャンブル。大金を使わなくても、少しのお金でいいから、ギャンブルで癒されたら……」と、悪魔のささやきが依存症者を苦しめます。

そんな彼らの心の内は、止めたいけど止められない、家族や周りを裏切りたくないけどどうにもならないと、二重三重の苦しみの中にいることを知る必要があります。

アンビバレンツという相反する心が存在する彼らに対して、失敗は許されないというプレッシャーは禁物です。むしろ、失敗は覚悟の上で、これまで嘘をついてきた彼らが素直に失敗を認めて、やり直すことができる環境を作ることが大切です。

失敗を恐れないことは、当事者だけに限ったことではありません。家族も同様に失敗を恐れず、受け止めることを学ぶことが大切です。失敗を告げることができた勇気を、褒めてあげることです。そして、「今日から再スタートを切ればいいのだ」と伝えてあげることです。

これまでギャンブル依存症者に巻き込まれてきた家族には、なかなか難しいことだと思います。そんな時こそ、ギャマノンなど自助グループの家族会の仲間の支えが大きいのです。

（註1）季刊Ｂｅ！増刊号№24「はまった理由」ＡＳＫ刊

《参考資料》

・『ギャンブル依存症から抜け出す本』樋口進著　講談社刊
・こころの科学182「依存と嗜癖」ギャンブル障害　蒲生裕司著
・『三代目ギャン妻の物語』田中紀子著　高文研刊
・『ギャンブル依存症』田中紀子著　角川新書
・『よくわかるギャンブル障害』蒲生裕司著　星和書店刊
・『現代社会の新しい依存症がわかる本』樋口進編著　日本医事新報社刊
・『依存症のすべてがわかる本』渡辺登監修　講談社刊
・『家族を依存症から救う本』加藤力著　河出書房新社刊
・季刊Ｂｅ！増刊号№23「家族はどうしたらいいのか？」ＡＳＫ刊

第六章 行為への依存 〜ネット・ゲーム依存

ネット・ゲーム依存とは

現代は、パソコンの普及により、インターネット社会が急速に広まり、特にスマートフォンやタブレット端末などの普及に伴うインターネットの利用は、生活環境を大きく変化させました。

SNS（註1）は、子どもから大人まで、その利便性は後戻りのできない状況だけでなく、社会システムの中に深く入り込んだ、切り離すことのできないものになっています。

反面、その危険性は増加の一途をたどり、精神面や健康被害、脳への障害など「二十一世紀のアヘン」と言われるほどになっており、日本では、ネットへの依存傾向の人は四百万人を超えています。

依存症は、ある特定の「事」を、本人は「止めたい」と思っているのに、自分の意思では「止められない」コントロール障害になっている脳の病気をいいます。また、そのことが原因で、社会生活に大きな支障が出てきても、止めることができない病気です。依存症は、依存している「事」の量や使用頻度がだんだんと増えていく進行性の病気です。病気だからこそ、適切な治療が必要だということです。

二〇一九年五月、世界保健機構（ＷＨＯ）は、「ゲーム症（障害）」をアルコールやギャンブルと並び、「物質使用障害」または「嗜癖行動症群」の一つとして認定をしました。病気として認定はされましたが、対応できる病院も少なく、社会資源となるものもまだまだ足りず、治療体制が完全に整っていないのが現状です。

そうした中、ネット時代は波のようになだれ込んできて、ゲーム機という機械に頼らずとも、スマートフォンの出現によって、いつでも、どこでも手軽にインターネットにつながり、ゲームの世界に入り込んでしまうことができるようになりました。

そんな中で「ゲーム症」かどうかを判断するには、

1、ゲームを始める時間、頻度、続ける時間、止める時間などを自分ではコントロールできない。

2、日常生活でやるべきことより、ゲームをすることが優先されてしまう。

3、家庭や学校などでマイナスな状況が起きているのに、ゲームを止められない。また、エスカレートしてしまう（註2）。

この三つの基準に当てはまるかどうかを考えてみると良いでしょう。

問題は依存してしまう心

ネット・ゲーム依存は、表に現れてきた一つの現象であり、問題そのものではないということです。ネット・ゲーム依存に陥ってしまうダメ人間、だめな子どもという見方では、救うことはできません。なぜネット・ゲームに依存してしまうのか、その心の内の見ることが必要です。

ネット・ゲームにはまってしまう子どもたちは、依存ということを通して、心のＳＯＳを出していると言われています。

ネット・ゲームにはまってしまう要因は、

1、真面目で、人に相談することが苦手。発達障害などの問題を抱えて、生きづらさを持っている。コミュニケーションが苦手という、本人の持っている特性。

2、自信を喪失するような出来事があったり、過去に何かトラウマになるような出来事があったり、世の中や人への不信感を抱いていたり、被害者感情や自殺念慮があったりと、家庭や学校、職場での孤立感を持っていて、ゲームというバーチャルな世界（仮想現実世界）で癒されて、ますます入り込んでしまう。

3、スマートフォンなどの普及により、ゲーム自体が身近にあるものになり、孤立化している本人にとって、オンライン上での仲間、友達ができ、ゲームを通して自尊心を高められるようになっている。

4、ネットにつながることで、簡単に知的好奇心を満足させることができる。

5、今のゲームは終着点がなく、どこまでも先へ先へと継続を促すなど、ゲーム自体がはまり込ませて、終わりがない仕組みになっている。

こうしたことが要因となって、居場所を探している人たちは、現実の世界からネット・ゲームというバーチャルの世界へと引き込まれていくのです。

それは現実の世界からの逃避行のようにも見えますが、見方を変えれば、自己防衛本能がそうさせているのかもしれません。だからこそ、ネット・ゲームを止めさせればいいということではなくて、自己防衛をしなければならない問題点を探り、その解決をしなければ、本当のたすかりにはならないということです。

現実の世界での本人の生きづらさはどこにあるのかというと、両親の不仲、虐待、いじめや発達障害による生きづらさなど、強いストレスを感じさせる環境や状況にあるのだろうと言われています。

人には、どんなことにも慣れというものがあります。素晴らしいご馳走も、毎日となれば飽きてしまいます。同じようにゲームも、最初は短時間でも、簡単な内容のものでも十分に満足していたものが、時間も中身のレベルも、それが続くと満足できなくなります。

ゲーム本体のソフトは無料だったり、安価なものが多いのですが、その中で強くなっていくために、次のレベルに上がっていくためには、武器となるアイテムを購入しなければなりません。「課金」といって、その代金が知らず知らずのうちに高額になっていき、気が付けば大変ことになってしまうことが多々あります。親のクレジットカードを使って購入して、数十万円が引き下ろされていることを後で知り、家族がビックリするような相談もしばしばあります。もちろん子どもだけでなく、大人でも同じようなことが起きています。それが原因で夫婦喧嘩になって離婚ということも起こってきます。

ネット・ゲーム依存も脳の病気ですが、病気が起こすさまざまな問題に対して、根性論を説いたり、非難罵倒して強制的に治そうとしても無理なのです。まして、生きづらさを感じて、それを取り除く手段として、ネット・ゲームのバーチャルな世界に救われているのですから、その根本原因を探して取り除くことができなければ、行き場を失った彼らが必死に抵抗するのは当たり前でしょう。

特に現在は、インターネットを通して、オンラインゲームで、現実の世界では考えられないほど世界中の人々につながることができるようになりました。

元々現実の世界では仲間が少ない、また、できづらい問題を抱えている彼らにとっては、こんな居心地の良い場所はないのです。周りのことを気にする必要もなく、自分の得意とする技を磨き、アイテムの購入によってますます力を発揮して、周りからの称賛を貰い、これまでなかった居場所、それも人から褒められる最高の居場所になっていきます。だから、食事時間も入浴時間も忘れて、寝る間も忘れてゲームに没頭していき、ゲーム仲間との心地よい居場所にますます入り込んでいくのは、当然のことです。

現実世界の一番の居場所は、私は家族だと思います。ですから、家族関係が上手く機能していれば、こうした問題行動につながることは少なく、たとえゲームにはまってしまったとしても、現実の世界との行き来を上手にできるはずです。

しかし、現実の世界で生きづらさを感じている彼らは、ゲームに没頭することで、家族へのSOSを無意識に出しているのだと思います。

子どもは短期で依存しやすい

依存症に関わる脳の部分としては、思考や判断、言語の処理などを司る大脳新皮質の前側に位置する前頭前野（社会的・理性的な判断をする所）と、大脳新皮質の内側に位置する大脳辺縁系（海馬や偏桃体といった部位があり、欲望などの感情のほかに記憶などの処理をする所）がありますが、子どもの脳は、成長中で前頭前野よりも大脳辺縁系の方が働きが強く、本能的な行動が多くなりやすいと言われています。

私たちは、たくさんの経験を通して成長していく生物です。経験値の大小の差が、その後の人生に大きく影響を与えます。私たちのブレーキの役割をする前頭前野が、他の脳と同じように幼児期から発達していれば、あらゆる社会規範に照らし合わせて、危険を察知して回避行動を取ってしまい、さまざまな経験の機会が少なくなったり、できなくなったりしてしまうでしょう。特に幼児期では、たくさんの経験を通して多くのことを学び、成長していくのですから、前頭前野もたくさんの経験の中から善悪を学び、人生のブレーキの学びをしていくと考えられるのです。

ですから、依存症は何年、何十年とかけて発症しますが、まだ脳のブレーキの効きの良くない前頭前野が未発達な子どもたちは、ゲーム依存を数カ月で発症してしまう危険性が高いと言われています。

家族の対応は

短期間でゲーム依存になりやすい子どもたちにとって、家族、特に親がネットゲームの危険性や正しい対応を学ぶことは、とっても大事なことです。

ネット・ゲーム依存という症状が出ている依存症者は、昼夜逆転し、食生活の乱れや視力の低下、衣服や入浴など衛生面での乱れなど心身の健康が崩れます。結果として、学校や会社での成績は落ちていきますし、遅刻や欠席、欠勤するようになり、ますます現実の世界で居心地が悪くなり、よりゲームの世界が優先されて、社会生活ができなくなります。

病気ですから、そのためには治療へとつなげることが必要です。しかし、「否認の病気」ですから、異変に気付くことが多い家族がこうしたサインを見逃さずに、治療へとつなげることが大切です。ネット・ゲーム依存も、家族の役割が大きいのです。でも、残念ながら受け皿となる所はまだ少ないのが現状です。

しかし、家族が依存症について学び、その対応を変えることができれば、依存症になりやすい環境が変わり、バーチャルな世界から、居心地の良くなった家族のいる現実の世界へと戻るチャンスができてくると思います。依存症者の環境を変えることは、家族の努力でできないことはないと思います。

幼児や子どもへの影響は

人間の赤ちゃんは、生まれて一人で育つことはできません。親の庇護《ひご》のもとで育てられ、成長していきます。ですから、子育ては子どもの成長に大きく影響を及ぼすということです。

ネグレクト（育児放棄）や虐待に限らず、養育すべき親がネットやスマホに夢中になって、親子のコミュニケーションがなくなり、子どもへの愛情が伝わりにくくなれば、幼児は精神的ダメージを起こしやすく、ネグレクトに近い状態になります。

こうしたネグレクトを経験した乳幼児は、右脳と左脳をつなぐ脳梁《のうりょう》容積が小さく、動物実験では、認知機能障害や脳の正常な働きに影響が出ると言われています。

乳幼児期の家族との愛情に基づく安心感や信頼関係の中で、いろいろなことに関心や興味が広がり、さまざまな体験を通して認知や情緒が発達します。

特に乳児と養育者との関係に、特有の働きがあります。お腹が空いたり、おむつなどの不快感を伝えるために、乳児は泣いたり笑ったりしながら、養育者の関心を自分へと引きつけ、安心安全な状況を得ようとします。そして、生後二、三カ月して目が見えるようになると、お母さんとアイコンタクトをするようになり、お母さんの表情からいろいろなことを学んでいくそうです。幼児期に限らず、人間の成長は失敗も含めて、人真似をしながら、たくさんの経験から大人へと成長していきます。

こうした大切な時期に、養育者がスマートフォンに夢中になり、赤ちゃんの顔を見る時間が少なくなっているとしたらどうでしょうか。当然、子どもへの注意力も減少しますから、特に幼児期の子どもたちが事故やケガをする確率は増えるでしょう。また、お母さんがスマートフォンなどに意識がいっている間は、子どもが置きざり状態になり、子どもとのコミュニケーションの時間が減り、養育者から大事な成長のための情報が得られなくなってしまうということです。

現在は泣き止む子どものためのアプリとか、知育のためのアプリなど、養育者にとって都合のいいアプリがいっぱいです。しかも、至近距離で小さな画面を見させるわけですから、目の焦点が合わない内斜視が急増するのではないかとの意見もあります。至近距離でアプリなどを見ているということは、近視の低年齢化や増加も懸念されるところです。

ジッとアプリに注目していれば、身体を動かす時間も少なくなり、外で過ごす時間も減ることになりますから、身体能力の発達にも少なからず影響が出てくるでしょう。

乳幼児の成長は、目を見張るほどの速さです。暫く見ていないと、身体の成長はもちろん、言葉や動きも、こんなに覚えたのか、動けるのかと驚かされます。そうした成長は、養育者との愛情のこもった親密な関係の中から身に付いていくものです。

アプリのように、一方的に繰り返し投げかけられるものではなく、乳幼児は間違った言葉の使い方や行動に対して、顔を見ながら対応してくれる養育者の態度や言葉から、たくさんの情報を得て言葉を覚えていくのです。テレビやDVD、幼児向けのアプリでは、言葉の発達は期待できないどころか、子どもの心の発達や親子関係を危険にする心配もあるとさえ説く人もいます。

私も孫の世話をする時、ついつい忙しさに子ども向けのアプリを使ったり、ユーチューブやDVDを見せて泣き止ませようとしたり、大人しくさせようとしていました。そして、二、三歳の孫が携帯電話を上手に使うのを見て、この子は天才ではないかと思っていました。そんな勘違いをして子育てをしている人は、多いのではないでしょうか。

赤ちゃんが手足をばたつかせたり、大声で泣いたり、寝返りやハイハイ、そして一人で歩き始めると、養育者はだんだん目が離せなくなり、子育てが大変になります。

こんな時期に、養育者がネットやゲーム依存まではならなくても、必要以上にはまってしまうと、乳幼児の運動能力の発達に大きな影響が出てきます。

筋肉や運動能力、体力は使わなければ発達しません。テレビやDVD、アプリがすべてだめというものではありません。しかし、その使い方を間違えると、子どものためにと思っていたことが、大きな落とし穴に落ちてしまうことになりかねません。大事な一人の人間を育てることの重さを感じて、楽な子育ての危険性を知って、大事な育児の時間を後悔のないようにしたいものです。

氾濫するＳＮＳの情報

スマホは、私たちの生活を大きく変えました。何より手軽で便利なもので、いつでもどこでも使うことができて、ありとあらゆる情報を教えてくれます。私も含め、多くの人たちはスマホ依存になって、何かあればスマホで検索するということが現実だと思います。

しかし、その情報がすべて正しいのかというと、ずいぶん間違った、あるいは偏った情報もたくさんあります。そうした情報が氾濫する現況の中で、私たちが正しく情報を見分けて、その使い方に注意をしなければなりません。

今、国民の多くが携帯電話やスマホ依存の状況だと言えます。電車の中でも家庭でも、食事中でも、携帯電話やスマホに手がいって、情報につながっていないと、またＳＮＳを通して人とつながっていないと不安になるという状況でしょう。一日の中で携帯やスマホを触る時間を、一度それぞれでチェックしてみるといいでしょう。

子どもだけに時間制限を付けても、大人の私たちが、子どもの前でどれだけ触っているのかが問題なのです。すでに依存状態にあるとの自覚の上で、大人が使う手本を示すことは、自分たちの依存体質からの脱却だけでなく、子どもにとっても大きな成果につながることと思います。

依存の環境を変えるには

前節で依存してしまう心が問題だと書きましたが、現実の世界から居場所を求めてバーチャル（仮想）な世界へ入り込み、居場所を見つけた彼らにとって、住み心地の悪い現実の世界へ戻ることは至難の業です。まして、頭ごなしにネットやゲームを非難されれば、ますますバーチャルな世界に逃げ込むでしょう。

家族という一番リアリティのある世界には、居心地の悪いことが極めて多いように思います。ですから私は、依存症そのものは、親神様が家族の再構築のチャンスをくださったものだと思っています。

一度、依存症になってしまった人たちの成育歴を振り返ることをお勧めします。成育歴を振り返ると、なるほどと頷けることがたくさんあります。保護観察やいろいろなおたすけの中で、むしろ、こんな環境の中で、よくこの程度で頑張っていると思うこともたくさんあります。

私たちにとって、環境は大事です。誰もが居心地の良い環境を求めています。失ったものを一度に取り戻すことはできないかもしれません。取り戻すには時間がかかりますが、焦らず、同じ目線で、そんな人たちに寄り添うことが大事です。

しかし、家族もネット・ゲームの依存症に振り回され、心が疲弊しています。当事者も家族も心身ともに疲れています。だからこそ、家族は当事者と少し距離を置くことです。そのためには第三者の介入が必要です。当事者を依存症の自助グループにつなげる。家族も依存症の家族会などの自助グループにつながって、たくさんの仲間の失敗談や立ち直っていく話を聞くことです。

もちろん、医療者へとつないで、適切な治療プログラムを受けることも大事です。ゲーム依存からうつ症状を発症することもしばしば見られます。精神療法やカウンセリング、個人・集団による認知行動療法やSST（註3）などをするデイケアや合宿訓練など、さまざまネット・ゲーム依存症への取り組みがあります。まだまだ始まったばかりですが、今急速に研究が進んでいます。

（註1）インターネットを利用したソーシャル（社会的）・ネットワーキング（つながり）・サービスの略

（註2）ＩＣＤ-11　ＷＨＯ　２０１８年作成

（註3）social skills training　生活技能訓練

《参考資料》

・『ネット依存・ゲーム依存がよくわかる本』樋口進監修　講談社刊
・『ゲーム依存からわが子を守る本』花田照久・八木眞佐彦監修　大和出版刊
・週刊医学の歩み　特集ゲーム依存　医歯薬出版株式会社刊
・こころの科学182「インターネット依存」中山秀紀著
・「依存症対策」厚生労働省ＨＰ
・『現代社会の新しい依存症がわかる本』樋口進編著　日本医事新報社刊
・『家族を依存症から救う本』加藤力著　河出書房新社刊
・『依存症のすべてがわかる本』渡辺登監修　講談社刊
・こころの科学211「子どものこころとインターネット」
特別企画監修　青木省三・宮岡等・福田正人
・『世界一やさしい依存症入門』松本俊彦著　河出書房新社刊

第七章　その他の行為への依存

買い物依存症とは

買い物依存は、もちろん買い物に依存することですが、買う物への執着はなく、買うという行為に依存している状態のことを言います。だんだんと高額な買い物をするようになり、部屋には未使用のブランド品がいっぱいということがよく見受けられます。当然、多重債務に陥りますが、それでも買い物が止められないコントロール障害です。

女性に多く、まじめな性格の人に多いと言われています。反面、虚栄心が強く、高級な物を買うことで、店の接客の良さに自尊心を満足させている場合が多い、買い物をすることで、寂しさや虚しさの穴埋めをしているとも言われています。また、現代社会のストレスが溜まりやすい環境も原因の一つになっています。

さらには、クレジットカードでの支払いやネットショッピングなどで、現金が財布から減っていくという感覚が鈍くなっているのも大きな要因の一つでしょう。

買い物依存にならないために、家計簿をつけたり、カードでの買い物をやめたり、買い物の仕方を見直すのが良いと言われています。

また、ストレス発散のために買い物依存になる場合は、根本的治療には何がストレスになっているのかを探り、その自覚を持つこと、周りの人にもそのことを認識してもらい、ストレスの原因を少しでも解決し、ストレスがかからない環境に変えることも大事なことだと思います。

気分障害（うつ病、不安症、双極性障害）が併発していることも多いので、精神科などの受診、治療も大切です。また、当然多重債務問題も起きますので、法テラス（法務省所管の日本司法支援センター）などに早めに相談をして、弁護士の力を借りましょう。

買い物依存の自助グループは、デターズ・アノニマス（ＤＡ）が各地でミーティングを行っていますが、まだ会場が少ないのが現状です。しかし、自助グループへの参加は回復には欠かせません。

窃盗依存とは

窃盗依存はクレプトマニアとも言いますが、万引きなど、お金を持っているのに盗む行為が止められない、何度警察に捕まっても止められない状態のことを言い、本人の意思ではどうしようもなく、世界疾病分類でも「病的窃盗」として認定されている病気です。

厳罰化だけでは絶対に治らない病気ですが、まだ日本では認知度が低く、刑罰を何度受けても窃盗依存からは立ち直れず、苦しんでいる当事者や家族がいます。

窃盗依存がさらに広く認識され、当事者はもちろん、家族も病気という認識を持って治療につなげることが必要です。

保釈中や執行猶予中であっても、窃盗を繰り返すことがありますが、依存症者自身も病気の認識のないことが多く、なぜ止められないのかと悩み苦しんいるだけでなく、実は身内を犯罪者家族にしてしまったことで、どれだけ迷惑をかけているかと考え、自分自身を責めていることが実際のところだと言われています。

しかし、こうした依存症者の思いは、なかなか家族には伝わらず、再犯を重ねるたびに、ついには家族からも見捨てられていくことになります。

専門病院としては、草分け的な存在の群馬県の赤城高原ホスピタルがあります。

この病院の竹村道夫院長は、「多くの患者が虐待や両親の不仲など問題のある家庭で育っていたことや、三割を超す患者が摂食障害を合併していたこと」。また、「虐待を受けたり、『ありのままのあなたでいてもいいんですよ』というメッセージを親からもらってないと、このままじゃいけないという気になって、自分でコントロールできるダイエットから拒食になったり、そこから過食嘔吐になったりする。あるいは、自分がちゃんと報われていないという気持ちがあると盗る方向に集中しやすい。もともと持っている虚しさみたいなものを、解消するような手段になっていくということがある」と言っています。

こうした成育歴から見ると、やはり自尊感情が低く、心を開くことが苦手な人たちです。こうした人たちは、自助グループでのミーティングが絶対に効果があります。

窃盗依存の人たちには、クレプトマニア・アノニマスと言われる自助グループＫＡがありますが、これもまだまだ少ないのが現状です。

セックス依存症とは

セックス依存症とは、ポルノへの過度な興味や収集（盗撮や下着泥棒など）、また覗きや露出行為、また近年ではインターネットによるアダルトチャットや、浮気が止められないなど、全ての性的行為による興奮や刺激を繰り返し求めてしまう状態のことを言います。重症化すれば、自分でも犯罪と分かっていても止めることができないコントロール障害を起こす病気で、身体的にも社会的にも大きなリスクを起こしてしまいます。

セックス依存症者は、内面にコンプレックスを持っていたり、幼少期に親からの愛情を十分に貰うことができなかったり、特にネグレクト（育児放棄）や性的虐待を受けていた人に多いようです。

そうした人たちは、愛されていないと感じていて、「愛されたい」と他者からの愛の実感を求めていると言われています。

セックス依存症者は、心の傷を埋めようとしたり、それを忘れようとしたりするために行為に及ぶのだと思います。これまでも、有名人や芸能人などが逮捕されるという事件が起きていますが、再犯率は高く、本人も止めたいと思っていても、止めることのできない苦しみの中にいるのが現実です。決して根性がない、性根が腐っているのではなく、セックス依存という病気の症状だということです。

セクハラやレイプなどは、あってはならない犯罪ですが、性病や望まない妊娠、そして不倫などから家庭崩壊など、社会的リスクもあるのがセックス依存です。

もちろん病気ですから、カウンセリングや認知行動療法などの精神療法や投薬など、依存症と分かった上で、治療してくれる病院や医療者へつなぐことが大切です。自助グループとして、セクサホーリクス・アニノニマス（ＳＡ）という当事者グループと、エサノンという家族やパートナーに問題がある人の自助グループがあります。他にセクシュアル・コンパルシブス・アノニマス（ＳＣＡ・ＪＡＰＡＮ）という、性的強迫症からの回復を目指す人たちの自助グループがあります。

まだまだ社会資源が少なく、他の自助グループに参加することも難しく、当事者もその家族も、報道されれば社会的制裁が大きく、そんな苦しみを持つセックス依存当時者やその家族の話を、正しい知識を持って聞いてあげることは絶対必要です。

どんな病院や自助グループがいいのかは、地域の保健所や精神保健福祉センターなどにお尋ねください。

仕事依存とは

仕事依存と聞くと、「仕事の何が問題なのだ」と疑問に思う人がいるかもしれません。しかし、仕事に依存して問題を起こしていても気が付かず、止めることもできず、その結果、家族の問題や大切な人間関係から逃避する事態が起こってしまうのです。

仕事が好きであったのに、いつの間にか人間関係の狭間で苦しみ、自分本来の姿がなくなってしまうことを知りつつ、職場から見放されることが怖くて我慢を重ねる。遂には他の依存症を発症したり、適応障害を起こしたりすることがあります。

夜遅くまで残業をし、休日も出勤して、「猛烈社員」と見られる自分に酔って、家庭内の問題から逃避してしまう。また、お客さんや会社への思いが強く、責任感や義務感から、ついつい自分が頑張っているからと自分を慰め、心身ともに疲弊している自分を誤魔化している場合が多いのです。結果、身体を壊したり、家庭崩壊の原因となってしまいます。半面、家族の問題、夫婦、親子関係の問題を抱えている人にも多く見られるようです。こうした問題から逃げるために、仕事に没頭することで忘れようとしたり、残業をすることで帰宅時間を遅くして、問題ある家庭に帰る時間を遅らせている場合もあると言われています。

こうした仕事熱心な人たちが依存症と気付くことは難しいので、家族や会社が気が付いた時に上手に休みを取るようにしたり、仕事以外の楽しみに誘うなどをすることが必要です。また、家族関係に問題がある場合などは、第三者の介入も必要となってきます。カウンセリングなど、自分の問題に向き合うチャンスを作ったり、そうした問題を解決するために、まさにおたすけ人の登場が必要だと思います。

《参考資料》

・「依存症対策」厚生労働省HP
・『現代社会の新しい依存症がわかる本』樋口進編著　日本医事新報社刊　二〇一八年
・こころの科学182「常習窃盗」竹村道夫著

・『家族を依存症から救う本』加藤力著　河出書房新社刊
・季刊Ｂｅ！増刊号№16「依存症って何？」・№23「家族はどうしたらいいのか？」ＡＳＫ刊

第八章　共依存とは

人間関係に依存する共依存

この章では、「共依存」について説明をします。

かつてアルコール依存症の治療に当たっていた医者が、なかなかよくならない患者を診ながら、ある傾向に気付いたそうです。それは、いつも依存症者に付き添ってくる妻や母親など、献身的に世話をする家族の存在でした。そうした人たちが、アルコール依存症者の自立、立ち直りの障壁《しょうへき》になっていると気付いたのです。

依存症者の世話を焼くことを「イネーブリング」といい、世話する人たちのことを「イネーブラー（共依存症者）」と名づけました。

共依存症者は、特定の依存症者に対して自分を犠牲にしてまでも過度に世話をして、依存症者を自分の思い通りに、正しい道へとコントロールしようと全精力を注ぎます。

自分のことは絶えず後回しにして、依存症者の世話に夢中になり、本来、依存症者自身が負うべき責任まで請け負ってしまいます。世話をすればするほど、依存症者は自分の身体のことはもちろん、社会生活や家族のことに責任を持たなくなり、ますます依存を続けるという最悪の状態になっていきます。

そして、世話をする家族たちは疲労困憊して、なぜこうなったのか訳も分からなくなります。残念なことに、自立のためにと思ってしていることが、依存症者の自立の妨げになっていることすら気付かずに、怒りと悲しみの絶望の中に落ち込んでいきます。こうした人たちが、共依存になってしまった人たちです。

共依存症者は他人の世話をする、尻拭いをすることで、自分の存在価値を見出しているのです。ですから、依存症者が回復の道へ進み出すと不安を覚えたりして、抑うつ状態に陥ることもあると言われています。そんな中、依存症者が再飲酒などへスリップすると、共依存症者は途端に元のように元気を取り戻すことが多いようです。

共依存という考え方は、依存症に限らず周囲との関係に悩む人、さまざまな対人援助に関わる人たちにとって、健康的な自分でいるための指針として広まっていきました。

共依存になる背景

共依存症者は、依存症者を何とか助けたいと必死になりますが、そのことで自分自身がどれだけ傷ついているかが分からなくなっています。支え続けることで、ますます自分自身が見えなくなっているのです。それは、身体的にも精神的にも限界を超えて、頑張り過ぎている自分を振り返って立ち止まることさえ罪だと思っている場合が多いようです。

そんな共依存になりやすい背景は、その人の成育歴の中に見て取れます。

育ってきた環境によって、人は大きく違いが出てきます。愛情いっぱいに育った人と、いつも夫婦喧嘩が絶えず、親の顔色を見て育った人や、虐待や育児放棄など、親の愛情をもらえないような機能不全の家庭環境で育った人とでは、大きな違いがあります。親の愛情を感じられない環境で育つと、「承認欲求」といって、いつも誰かに認められたい、いい人でいることを自分に課してしまうきらいがあります。いつも誰かに頼ってもらいたい、必要とされたいという思いが強いのです。

このこと自体は悪いことではありませんが、その思いがあまりにも強く、人の世話をすることで、自分が誰よりも納得してそこに生き甲斐を感じると、ますますはまり込んでしまいます。自分の領域を逸脱して相手の領域まで入り込んでしまい、本来相手がしなければばならないことにまで手を出している自分に気づかずにいます。

その結果、世話をしていることで、認められたい欲求の心の穴を埋めているのかもしれません。

もう一つ、共依存症者は自己否定が強いという特徴もあると言われています。自分には価値がなく、いつも自分が悪いと思い込んで、こんな自分を他人が知ったらますます嫌われるだろうと、そんな思いをいつも心の内に秘めて、本音を出せない。そうした思考がこびりついているため、人との関係を結ぶことや、人に救いを求めることが苦手で、絶えず自分の責任だと自分を責めて抱え込んでしまいます。

このような自己否定感や、罪悪感といったマイナスな考えの中から立ち直るには、自分が世話をする依存症者の犠牲になっていないか、相手のすべき領域に入り込んでいないか、相手のためにという気持ちが出すぎて、つらい気持ちを押し殺していないか、自分自身を追い込んでいないだろうかと、自分に矢印を向けてみることが必要です。

共依存症者への支援

必死で助けようとしている共依存症者は、自分の間違った支援を指摘されることを嫌います。依存症と同じく、共依存も「否認の病気」でもあるからです。自分が一生懸命に支えているからこの程度で済んでいる。もしそうでなければ、とんでもない事態になっていると思い込んでいるからです。

しかし、その心の中を見てみると、自分はこんなに世話をしているということで、自分自身を納得させ、そこに自分の存在価値を見出しているのです。「承認欲求」を最も満たしてくれるのは、「この人には私が必要だ」との強い自負があるからです。

私も、何も分からずアルコール依存症の人の世話取りをしていたとき、また飲んで帰ってくるのではとの思いが絶えず頭の中を占領して、実際は心身ともに疲れ果てていました。でも、周りから「本当によく世話をしている」と褒められたり、同情されたりすると、どこか癒されているような気持ちになり、やっぱり自分がどこまでもこの人の面倒を見させてもらわなければと、勘違いをしていました。

人は誰でも、誰かに認めてもらいたい、分かってもらいたいとの承認欲求があります。しかし、その承認欲求が、正しい行動に対してのものであれば問題はありませんが、正しい知識がないままの間違った支援行動や、人間形成の上で厳しい環境によって作り上げられた心の穴を埋めるための行動では、良い結果を生むことはありません。むしろ、共依存症者も依存症者も、最悪のスパイラル（負の連鎖を止められない状態）の渦に飲み込まれていくだけになってしまいます。

依存症という病気のパワーは凄いものです。家族や援助者までも飲み込んでしまう力を持っています。正しい知識を待たずに何とか助けたいと関われば関わるほど、その力の前に挫折感を味わうことになるでしょう。

しかし、依存症はそうした人間関係の壊れた人たちを、正しい人間関係に戻すチャンスを与えてくれているのです。

共依存症者救済の場所

共依存症は、認識も診断も可能です。治療可能な症状を持ち、慢性的で進行性もあると言われていますが、依存症者が起こす問題に引き込まれる被害者の役割と、何とか助けたいとの援助者の役割、そして、裏切られるたびに味わう挫折感、裏切られ感から、依存症者を責めてしまう加害者としての役割を持っています。家族は、そのすべての役割を思いきり手放すことです。そして、依存症者との正しい距離感を持つことです。関わり過ぎない、面倒を見過ぎない。何より距離を取ることで、家族自身が心身ともに元気になり、正しい判断、対応ができるようになることです。

しかし、依存症者との人間関係にしっかりと依存している人たちにとっては、手放せと言われることは恐怖でしかありません。これまで自分のしていたことを否定されるような思いになるかもしれません。その不安を断ち切るには、同じ悩みを持つ仲間、多くの失敗の経験と、そこから学び立ち直った大先輩の話が必要となるのです。

自助グループは、同じ悩みを持ち、苦しんできた先輩の話に耳を傾けることができます。いや、同じ苦しみを持つ仲間だからこそ、人の話に耳を傾けることのできない共依存症者にとって、貴重な話を聞くことのできる場所なのです。依存症者にとっても、共依存症者、家族にとっても自助グループの必要性を感じます。

《**参考資料**》

・『共依存症　いつも他人に振りまわされる人たち』メロディ・ビーティ著　講談社刊
・『共依存とアディクション　心理・家族・社会』清水新二著　培風館刊
・『共依存かもしれない』ケイ・マリー・ポーターフィールド著　大月書店
・『共依存症　心のレッスン』メロディ・ビーティ著　講談社刊
・『家族を依存症から救う本』加藤力著　河出書房新社刊
・「共依存からぬけ出すには？」全国薬物依存症者家族連合会ＨＰ
・「自分らしく生きるとは」アスク・ヒューマン・ケアＨＰ

第九章　当事者・家族の手記

この章では、アルコール依存症を病んだ当事者と、ギャンブル依存症の息子さんを持つ母親の手記を紹介したいと思います。

人は支えあって生きる 〜断酒会と出会って

酒害相談員としての活動も五年目となりました。私はアルコール依存症の当事者であり、回復者でもあります。依存症はアルコールに限らず、対象の物質やプロセスを再使用することは絶対に叶いません。そういう意味では、私は一生涯、アルコール依存症という不治の病の患者という立場でもあります。

ただ、使用さえ免れれば平穏に、人並みに社会生活を送っていけるばかりか、依存物質に溺れていた人生から脱却した結果、人間性を回復し、新たな価値観を創造しつつ、思わぬ第二の人生（私たちはそれを新生と呼ぶ）を歩むことができるのです。すなわち、これが回復と言われるものなのです。

　では、止まらぬアルコールをなぜやめることができたのか。私は幸運なことに、自助グループにつながることができたからでした。仕事や家族との生活を続けていくのが困難になるほど、毎日の酒量が増していたある日、私は自ら地域の断酒会に救いの手を求めました。

　依存症に陥った者の多くは、自己肯定感が低く、他人を信用しません。自責の念が強いと同時にまた他罰傾向もあります。周囲を信頼できないとすれば、そこに安心安全な環境はなく、常に気持ちはトゲトゲして休まることを知りませんでした。泥酔することにも、翌日の二日酔いにも心底疲れていました。スマホ操作もおぼつかない指運びで、地域の断酒会を検索し、代表者の連絡先にたどり着きました（奇跡です。そして、これが私のたすかりの旬でした）。

　断酒会の例会（当事者同士や家族の話を聞き、自らも体験談を話すことによって回復を目指す、いわば集団心理療法を実践する場。ミーティングとも言う）に初めて行ったとき、先述の通りどこにいても不安感にさいなまされていたのが嘘のように、自分の居場所なるものを得た気分になりました。同じ生きづらさを抱えた者だけが感じ合える安心感、信頼感をしみじみと体感し、お酒を止める・止めないということよりも、また自分はここに来るだろうという確信を得ることができました。

その通り、断酒会に入ってかれこれ七年、週一回の例会を休むことなく通い続け、今では例会を主催し、依存症者とその家族を迎える立場です。現在の本心を言えば、断酒という一大テーマから少しだけ距離を取って、生活を楽しんでいる気もしないではありません。

お酒を断って年月を重ねると、自然と世間との交わりも深くなり、世間を見る目も広くなってきました。趣味を得、それらを通して仲間もできました。お酒は私の日常生活の数ミリも占めていません。体調もすこぶる良いし、安全で安心な毎日を過ごしています。

こうした生活になっても、なぜ断酒会から離れないのか。それは、一人では酒を止めることができないことと同じように、一人では素面で生きていくことが叶わないことを知ったからです。

断酒後に気付いた自らの生きづらさや、飲酒して犯した数々の過ちの重大さを受け止め、悔い改めるのに、己が身一つでは到底立ち向かえないことを学びました。思えば、それまでは、お酒が生きがいであり、生きている証でありました。

断酒会につながり、先輩や仲間の体験談に耳を傾け、自分の罪を言語化していくうちに、なんとかお酒は私の生活からは遠のいていきました。しかし、最も恐ろしいのは、そのお酒を止めた先の素面の人生だと思います。

お酒を飲みながら、自身の力で切り拓いてきたかのように錯覚していましたが、出会った事象はすべて、実は本来はお酒抜きの素面で考え、実行しなければならないことであったのです。

それまでは、世の人々と協働し、周囲に信頼を寄せ助け合って生きる術を私は体得していませんでした。無理と無茶を重ねたような人生でした。誰もが羨む成功者になりたかったし、誰からも愛されたいと望んでいました。自尊心を誰にも傷つけられずに世を闊歩もしたかった。そんな野心と見栄のためには、大いに飲むしかなかったのだと思います。

過去への贖罪と、大量飲酒で引き起こした問題行動の一つ一つを思い出しながらも、前向きに明るく生きていくためには、自戒だけではなく、赦しと癒しが必要です。今現在の癒しの場、赦しの時こそが断酒例会なのです。

今、お酒を手放し、何も持たない自分は日々を淡々と、しかし地に足をつけて生きているると思っています。ただ、生来の見栄っ張りが頭をもたげると、すべきことに百二十パーセントの力を充てようとしてしまいます。そんなとき、先輩会員の声が聞こえるのです。

「七十パーセントでいいんや、頑張らなくていいんや」と。

依存症者はとかく〝ええかっこしい〟だと思います。また、人からの依頼が自分の限界値をはるかに超えるものであっても、断ることができないことがままあります。持てる力の百パーセント以上の頑張りを、人は果たしてどのくらい保てるのでしょうか。

私もかつては、力尽き、失敗し、自らを恥じて、また飲んでしまうことが多かったのです。断酒会に寄り集う仲間の多くは同じ経験をしてきたので、「七十パーセントで」というアドバイスは、自らの経験と反省を踏まえての心に響く言葉でした。

考えてみれば、世間一般どんな人でも、完璧な人はいないはずです。何事においても、一人では完成形を作り上げることなど無理な話だと思います。それを知らないで依存症になってまで、一人の力で何とかしようともがいてきた自分、そして依存症の仲間たち。お酒は最後には自分に対して牙をむいてきましたが、逆説的にはお酒が私たちを生かしてくれたとも言えます。完璧主義、孤立主義、これといった趣味も息抜きも知らないままでは、オフタイムに酒に溺れることでしか極端な話、自死を免れる手段はなかったかもしれません。

さて、断酒会に限らず自助グループは言わずもがな組織です。ある程度年月を過ごせば、それなりにしがらみも生じるでしょう。私とて、すべてを放り出したくなる時も何度かありました。しかし、先人の言葉の数々が私をつなぎとめ、脳裏から離れることのない「持てる力の七十パーセントで」という優しい声が今日も私を生かしてくれています。人は本来七十パーセントの力の発揮で十分だと思います。足りないところはみんなで補い合えば、埋め合わせどころか、よほど大きく完成度の高いものを生み出すことができるのです。

たすける立場にならないと、自らもたすかっていかないのは教祖《おやさま》の教えであり、その具体例を多々見ることができるのが断酒会です。先ほど、集団心理療法の場でもあると述べましたが、断酒した者あるいはその家族が、いまだ酒害に悩み苦しむ人々の話を聞き、辛い現状をなんとか打破しようと、手を取り共に歩もうとする姿を思い描いていただけたら良いと思います。パネルで仕切られた面接ブースなどではなく、各地の例会場で、あるいは双方の自宅で、時と場所を選ばずに行われる支援活動なのです。

断酒会員にとって、断酒会活動などから得た専門知識、同じ病を経た者にしか共有できない絆、自分が救われたことへの報恩の強い思いを胸に、今にもお酒の海に溺れそうな人とともに、断酒という岸辺に泳ぎつくのは至上の喜びなのです。

最後に、依存症に陥った本人やその家族がたすかろう、自立しようという意欲を導き出す、つまりエンパワーするのが、今の私の役目だと思っていますが、そのためには、相談を担う私自身の心のあり方も大いに問われる覚悟で臨むべきと考えています。その心の指針が、教祖のひながたであることは間違いないと確信しています。

私は今日も断酒例会に行きます。癒され、赦されて生きていくために。集う仲間が癒されるように。そして、支え合って生きていくために、持てる力の七十パーセントでいいのだと後進に伝え続けていかねばならないと。

天理教酒害相談員　小川英子

ギャンブル依存症者家族Aさんの話

息子は二十歳ぐらいから、急に行方不明。家出、失踪を十年ぐらいの間に何回も繰り返していました。最初の頃は息子に何が起きているのか、さっぱり分かりませんでした。だんだんと、失踪時はネットカフェのようなところで寝泊まりし、パチンコ、スロットの店に入りびたっていることが分かってきました。

そんな状態でしたから、アルバイトも転々、本人がやりたかった仕事に就いてからも、「今日、出社していませんが」と会社から電話がかかってくることが繰り返されました。バイト料や給料を使い果たすと、サラ金で借りられるだけ借りて、それもなくなるとフラッと帰ってきて、それから数日は布団をかぶって部屋でひきこもる。

最初の借金が二十万円。とても反省している様子の息子を見て、「二十万円で社会勉強したと思えばいいか。本人も懲りたみたいだし」などとのんきな考えでいました。

しかし、借金は一度で終わるはずがなく、それから失踪のたび、何度も繰り返され、作った借金は、そのたびに本人が働き返済をしていましたが、全て返済するたびに、借りられる限度額は上がっていき、失踪のたびごと借金の額は大きくなっていきました。

親の私は息子が失踪から帰ってくると、内緒で彼の財布の中を捜索するようになり、財布の中からレシートなどを見つけ出しては、失踪中の居場所を特定し、次の失踪に備えるようになりました。失踪中は心当たりの駅周辺のスロット店やネットカフェなどを、気が違ったように探し回りました。まさにギャンブル依存症者の家族の「あるある」、やってはいけない行動の数々でした。

たまに息子を見つけることができても、病気の彼の頭の中は、ギャンブルのことでいっぱい、説得も泣き落としも何の力にもなりませんでした。

息子がギャンブル以外に趣味ができればと画策したり、資格を取ってやりたかった仕事に就いた時は、これで大丈夫だろうと思ったり、可愛い彼女ができて楽しそうにしていれば、もう安心だと思ったり。ギャンブル依存症で、脳がおかしくなっている息子にとっては、どれも根本的な解決になるものではありませんでした。

私は不安と心配で眠れぬ夜を過ごし、頭の中は息子のことでいっぱい、そんな日々が続きましたが、親神様の親心で、息子はギャンブル依存症専門の回復施設につながることができました。

彼はそこで回復のためのプログラムを終えて、今は一人暮らしをして自立。親の私とも穏やかな、以前とは違う新しい関係、ほどよい距離が保てているように感じています。

息子を回復施設につなげてくださったのは、おぢばで開催された「ひのきしんスクール」に「十二ステップ」というプログラムを伝えにきてくださっていた、ギャンブル依存症の当事者であり、家族の立場でもある「ギャンブル依存症問題を考える会」代表の方でした。

その方と会ったときは、息子は失踪中。私は泣きながら講義を聞き、講義終了後、その方を追いかけて、話を聞いてもらいました。そして、本人が失踪から帰ってきたら、回復施設に入寮させると良いという提案と、私には家族の自助グループ「ギャマノン」にすぐ行くようにと勧めてくださいました。

依存症当事者、また、私たち家族も、回復の道を歩み始めるには、「もう自分の力ではどうにもならない」という「底つき」というプロセスが大切だと聞きます。

失踪中だった息子は、ひょっこり帰ってきたかと思ったら、私が集金していた数万円を持ち出して、また、いなくなってしまいました。息子が人様のお金を持ち出したというその事実に私は茫然自失、とてもショックでしたが、この行動が、本人の「底つき」になったようでした。

失踪から戻ってきて数日。いつものように布団をかぶり、部屋に引きこもっていた息子でしたが、初めて自分から「母さん、俺、どうしたらいい」と、私に聞いてきました。それまではどんな話をしても、聞いているふりはしていましたが、息子の心は背を向けていました。この時の息子は、もう自分をコントロールできないとギブアップした「底つき」の状態だったと思います。

そんな息子に私は「回復施設の提案を受けているんだけど」と伝えると、息子は「それしかないね」とあっさり。その日のうちに荷物をまとめて施設に行ってくれました。

息子の回復施設入寮後、彼のタンスを見ると、「ギャンブル依存症」というタイトルの本がありました。息子本人も、自分の意思で止めようと思っても止められないギャンブルに、深く悩んで苦しかったんだと思います。

私は息子のギャンブルの問題に巻き込まれていた頃、息子自身の問題も、自分の問題もごちゃごちゃでした。親の私が何とかしないといけないと思い込み、むしろ問題を悪化させていました。

私は今お道のご用をさせていただきながら、地元の家族の自助グループ「ギャマノン」に通っています。最初は病気なのは息子なのだから、息子さえ回復すれば良いと思っていましたが、息子のギャンブルの問題に巻き込まれ続けていた私自身も、病んだ考え方、行動、「共依存」という病気だと、自助グループで教えてもらいました。

自助グループ「ギャマノン」の仲間から「十二ステップ」という回復プログラムを手渡

してもらい、気付かなかった自分自身のたくさんの生きづらさにも向き合うことができ、より良い考え方、行動を提案してもらうことができました。

お道の中で生まれ育った私ですが、息子の依存症のお陰でたくさんの気付きがあり、親神様とのパイプを太くでき、より軽やかに日々心楽しくつとめさせていただけるようになれたと感じています。本当に息子のお陰です。

息子は回復プログラムを経て、施設近くで職を得て一人暮らしをしていたところ、元の職場から戻ってこないかと声を掛けていただき、息子は会社の方々全員に、自分がギャンブル依存症であることをカミングアウトして、その会社に復職しました。けれども復職した途端、スリップ、またギャンブルをしてしまいました。

依存症はスリップしながら回復していく病気だと聞いていますので、また、そんな時もあるのかもしれません。今日一日ギャンブルをしない、その一日一日を積み重ねていくしかない病気です。回復はあっても完治はないとも聞きます。

これからまた息子が問題にぶつかったとしても、親ができることは、回復を信じて見守るだけ。彼には彼のギャンブルや生き方の問題を共有してくれる仲間やGAという自助グループがあり、必要なのは親の手助けではないと思っています。

息子の問題は息子に返す。家族は家族の回復。私は、私自身の問題に向き合いながら、誰かのギャンブルの問題で苦しんでいる家族のために、少しでも自分にできることを続けること、自分自身の体験を伝えること、そんな役割を親神様からいただいたように感じています。

第十章　お道の上からの私論

依存症に関わってきて

ここまで依存症のあれこれを書いてきましたが、最後に私が依存症に関わってきた過去四十年間をふり返り、依存症とお道との関わりについて、私論を述べたいと思います。

当初は、アルコール依存症の人たちとのお付き合いでした。何としてもお酒を止めさせなければと、必死になっていろいろなことを試みました。今思えば、依存症者の家族がなってしまうコントロール障害、自分の意志で止められないという私自身が病気だったのです。自分の思い通りにすることがたすけることだと、大きな勘違いをしていました。

自分にとってこうあるべきだということが、本当に正しいのか。因縁も成育歴も環境も違う相手にとって、本当に私の思い通りが当てはまるのかなど、何の疑問も持たずに、ひたすら相手を自分の時間軸の中にはめ込むことで精いっぱいでした。そしてお金の管理、行動制限など、彼らの生活行動から目を離すことができなくなり、いつも彼らのことで頭がいっぱいで、完全な共依存の状態でした。

我が身どうなっても人をたすけることがお道の信仰であり、相手をどこまでも背負って、抱えていくことが教祖ひながたと信じていました。けれども、『天理教教祖伝逸話篇』六四「やんわり伸ばしたら」に記されています。

おたすけのためには何でも苦しまねばならんと、厳寒の深夜、水ごりを取っておたすけに回っていた熊吉さんに教祖は、「熊吉さん、この道は、身体を苦しめて通るのやないで」とお言葉をくだされたとあります。

「我が身どうなっても」のお諭しは、自分を苦しめてという意味ではないと思うのです。教祖ひながたの道を学ばせていただくと、いつも親心いっぱいの道しかありません。身上のおたすけにあっては優しいお言葉をお掛けくださり、どれだけ温かなご態度で包み込んでくださったか分かりません。

でも、見える世界、聞こえる世界に生きている私たちは、依存症という病気がさせてしまう厄介な行動に振り回されてしまうのです。正しい知識を持たない家族や支援者は、どうしても依存症者への偏見を持ってしまいます。しかし、私たちの信仰はどこまでも心だすけであり、たすかりたいとの心から、人をたすける心に導かせていただくことにあります。見える世界での、依存症が起こすさまざまな問題を解決することが最終目的ではなく、どこまでも親神様の人類創造の目的である陽気ぐらしができる心に変わってもらうことです。たすけの主は私と勘違いしてしまいがちですが、親神様であり教祖なのです。

基本的には、たすける側とたすけられる側という構図は、私たちの教えにはないと思っています。「たすけたり、たすけられたり」というたすけ合う姿が、親神様のお望みであり、「おたすけは、おたすけ人のたすかりの場」とさえ言えるのです。

そう思うと、たすけの主である親神様、教祖がお考えの時間は、おたすけ人とはそれぞれ違うと思うのです。「一夜の間にも」とのお話もあるように、あっという間のご守護を頂戴する時もありますし、時にはずいぶんと時間がかかることもあるかも知れません。

依存症は、止め続けることで回復を続けることができる病気です。一生の付き合いをしなければならない病気だということを考えれば、その時間軸は、ずいぶんと気の長い付き合いをしなければならない病気だということです。焦らずじっくりと構えて、親神様、教祖の思召に少しでも添えるようなおたすけを心がけたいと思います。

自助グループの存在

依存症者にとっては、同じ依存症で悩み苦しんだ仲間からの体験談や助言、サポートが必要だと言われています。自己肯定感が低く、「否認の病気」に苦しむ人たちは、健康な人からの言葉にはなかなか心を開かず、耳を傾けることが難しいのが現実です。だからこそ、同じ悩みに苦しみ、もがいてきた仲間の言葉には反応するのだと思います。

自助グループの一番良いところは、何といってもミーティングです。お互いが、自分の体験、胸の内を素直に話す。それを、周りはひたすら黙って、否定も意見もせずに聞いてくれる。そして、話はその場限りの守秘義務に守られた安心安全な居場所です。

私も、初めてこの分かち合いミーティングに参加した時、果たして何の効果があるのだろうかと思いました。しかし、続けているうちに、誰からも何の批判もされずに、自分の話を最後まで、黙って聞いてもらった経験がないことに気が付きました。そして、丸ごと自分の話を受け止めてくれることが、いかに心地良いことか、最高の居場所になることを実感しました。何を言っても許される場所は、なかなかあるものではありません。まして、同じ病気、同じ苦しみを持っている仲間なので、共感してくれる思いは強く、癒され、明日に向かう力を貰うことができると思います。

経験のない人には、なかなか理解しにくいところですが、体験しなければ分からないのは仕方がないかもしれません。第十章の当事者やその家族の手記を読んでもらえば、自助グループの必要性が分かると思います。

しかし、たくさんの自助グループがあっても、波長が合う合わないという問題もあります。そんな時には自分に合うグループを探すことが大切です。そのためにも、依存症者やその家族にとって、たくさんのたすかる道筋や居場所となる所が必要となります。その一つが、依存症の学びを深めた天理教の教会であって欲しいものです。

『陽気』誌に連載してから、たくさんの相談を全国からいただいています。

依存症は否認の病気だけに、相談に来られるときは、ずいぶん重症化して、さまざまな問題が絡んでいることが多いのが現状です。その上、緊急の対応が欠かせない場合も少なくありません。近くの自助グループなり、関連の社会資源となる所を紹介させていただきますが、堂々とお近くの天理教教会へとお勧めできるようになったら、どんなに心強いことかと考えます。

そのためには、おたすけ人として、依存症の正しい知識を学んでいただき、今こそ「依存症といえば天理教、天理教といえば依存症」と言われるぐらいに、依存症のおたすけが教内に大きく広がってほしいと熱望しています。

依存症者は「たすけの台」

依存症者は、自分一人で苦しむだけでなく、周りの人たちを巻き込む凄いパワーを持っていますので、これほど厄介な人はいないかもしれません。でも、私は依存症者に限らず、身上や事情で苦しむ人たちは、実は家族にとって「たすけの台」になってくれる人たちだと思えるようになりました。

親神様は、可愛い子どもをたすけたいと、いつも大きく温かくお優しい心でいっぱいであります。依存症を病んだ人を通して、人として家族として許し合い、認め合い、たすけ合う絆をつくり、家族の再構築のチャンスをくださっているように思います。ですから、依存症を病んだ人はその家族にとって「たすけの台」となってくれる人だと思うのです。見える世界に捉われてしまう私たちですが、見えない心の世界があり、その心通りにご守護をくださるのが、この世界です。だからこそ、依存症という病気が起こす、さまざまな見える事柄に心を奪われないように、依存症に苦しんでいる人の心の内を見ることが大切なのです。内なる心を見ずにあれこれと思案をしても、親神様の思召に気付くことはできにくいでしょう。

たすけの元は親神様

依存症回復プログラムに、世界的に使われている「十二ステップ」があります。

自分の力ではたすからないとの自覚から始まり、神に委ねる心に変わり、これまでの人生をふり返り、「人生の棚卸し」をすることで、真の自分の姿を見つけ出していき、その償いをしていく。回復の道に気付いて、最後には同じ依存症に苦しんでいる人たちを救済する側に回るというプログラムです。絶対なる神の存在に気付き、その神にもたれていくことを学ぶプログラムです。

依存症のたすかる道筋は、「神の存在を知り、その神にもたれることを学び、人をたすける側に立つことで、回復の道を歩み続けることができる」というこの「十二ステップ」だと知り、私はびっくりしました。私たちの教えそのものであり、たすけの筋道そのものです。

たすけの元は親神様であり、私がたすけるのではありません。どこまでも抱え込むおたすけから、本人のためにたすかる道筋へ、依存症の自覚と自立の道へと、大きな親心で依存症者を手放し、送り出すことです。そのためには、親神様のお働きを信じて、お任せする勇気がなければできません。おたすけ人の「信仰心」が試されていると思っています。

そして、導く側は日々有難い勿体ないと、「善し善しの陽気ぐらしの世界」に、身も心も置いて通ることです。善し悪しの悪しは、受け取り間違いの「我の心が悪し」の世界を作ってしまいます。どこまでもたすけの元なる親神様にもたれて通る強い信仰心、即ち信心の徳を積んでいくことだと思います。良いか悪いかの判断基準は、親神様がお喜びくださるかどうかの一点なのだと思います。

みかぐらうたに、

いつもわらはれそしられて

めづらしたすけをするほどに

（三下り目　五ッ）

とあるように、世の中の常識に捉われず、だめの御教えを定規に、いつも教祖のひながたの道に答えを求めて通らせていただくところに、治まりの道筋が必ず見えてくると思います。

この世は神の懐住まい

親神様は、私たちが陽気ぐらしをするために、知恵の仕込みをしてくださいました。そして、「神の懐住まい」のこの世に、陽気ぐらしのために、ありとあらゆるものを用意してくださっています。社会資源といわれるたくさんのものを大いに活用して、世の人たちと手を携えて、依存症に悩む人たちと共に、陽気ぐらしへの歩みを進めたいと思います。

依存症者も家族も一人で悩まないでください。仲間とつながり、たくさんの話を聞き、学びましょう。

依存症は再発しやすい病気です。しかし、必ず回復できる病気です。そのためには、関わる人たちが共に手を携え、支え励まし合うことを親神様は望んでおられます。

このお道の中に、依存症の知識を学ぶ人が増え、おたすけの渦が巻き起こることを願い、一人でも多くの依存症者やその家族が回復の道につながることを願い、私論とします。

●座談会
統合失調症　依存症のたすけ

廣岡　文衛
鈴木顕太郎

司会・「陽気」編集部

「正論」で相手を責めない

司会 それでは最後に、本書のまとめとして「おたすけ」という視点から話し合いをお願いします。

お二人の先生は、今もそれぞれの症状で苦しんでいる方々をお世話して、おたすけに励んでおられるわけですが、その治め方をどうしたらいいのか、過去のおたすけから何を学んだのかという点が大切だと思いますので、まずは一つ、失敗談をお聞かせください。

鈴木 私が若い頃に出会った方は、俗にいう酒乱の方で、平気で借金をしては飲むということで、二日酔いで仕事も休む。親からも家族からも見放されて教会にやって来た五十代の男性でした。

教会に来て、お酒を飲まなければ明るくていい男なんですよ。最初は飲酒を我慢していました。タバコ代とジュース代を持たせて仕事に行かせたけど、帰りに居酒屋に寄って、借金しては飲んでくる。そんな繰り返しになりました。

彼のことを思って、私「飲んではだめだよ。身体を壊す」とか、「借金をしたらまた返せなくなる。また事件を起こす。破滅するよ」と何度も「正論」をぶつけて注意もし、時には取っ組み合いもしました。借金の尻拭いもしましたけど、最後までお酒は止められなかったですね。私も若かったし、また依存症の知識もありませんでしたから、根性論や精神論で何とか言い聞かすことで精いっぱいでした。もちろん、専門病院にも何回も入院させ、病院の家族会にも一緒に出ましたがアルコールは止められず、七年間のお付き合いでしたが、最後は教会を出ていきました。

その他にも、ギャンブル依存症の男性とか、買い物依存症、セックス依存症のおたすけの失敗など、未熟がゆえにいろいろな経験をさせていただきました。

司会　失敗談、廣岡先生はどうですか。

廣岡　私、修養科の教養掛を務めた時、精神的に不調をきたした修養科生がいたんです。団体生活ですから皆さんと一緒の生活、修養に励んでもらいたいと願っていますけど、不調のその娘さんは朝起きが出来ない。行事への参加も出来ない。そこで「頑張って」と励まし、私は「根性論」で無理強いさせたんです。

そうしたところが、当人の調子が徐々に悪化して、修養科一期講師の先生方始め、「憩の家」病院の担当医や修養科の同期生まで混乱に巻き込んでしまい、当人も何のために三カ月の修養科に来たのか分からないような状態で修了になってしまいました。

当時は、私も統合失調症についての知識、理解はありませんでしたから、根性論や精神論だけで導こうとしていたんですね。

司会　おたすけするこちらも、それぞれの病気の学習、知識が必要だということですね。鈴木先生は、アルコール依存症の方の失敗談でしたけど、「正論は通じない」ということを反省として出されましたね。これは本文でも書いておられますが、具体的にどういうことなのですか。

鈴木　依存症の本人は、正論はちゃんと分かっているんですね。依存症の人たち自身は、正論を言われなくても「これがダメだ」っていうことをちゃんと分かっているのが依存症なんですね。なので、あえて分かっていることに、ダメ押しのようなことを言っても何も通じないし、むしろストレスを与えて、依存行為をするキッカケを与えるだけということなんです。それが「正論が通じない」ということなんです。

むしろそうではなくて、依存行為をしなければならないような本人が、どんな環境にいるのか。「依存しなければならないような心」を問題にすることです。その問題を無視して、どうしても正論を言って、相手をそれで説き伏せようとする。それでは依存症者は心を開かないし、教祖のひながたからは、ずいぶんと違ったおたすけではないでしょうか。

だから正論を言うんじゃなくて、どうしてそんなことをしてしまうのか、何があったのかを探す。まず依存行為をするには、当事者に「そのきっかけになる何か事が起きている」わけですから、そのことをきちんと理解してあげる。何があったんだということを聞くことが一番であって、それをせずに、やったことに対して「それは間違っている」「こうしなさい。ああしなさい」と、いくら正しいことを言っても何の効果もない。むしろ相手にストレスを与えて、また飲むきっかけや、ギャンブルをする機会を与えてしまうということです。

司会 依存症というのは、依存症になるきっかけがある。その原因を丁寧に、じっくり聞いてあげるということですね。

鈴木 そうです。なぜ、そんなことをしなきゃいけないのか、どうしてそこに依存して逃げ込まなければならなかったかという、そこが問題だということです。依存症は、ある意味自己防衛本能だとも言えるのです。

以前に関わっていたアルコール依存症の方ですが、本人と話をさせていただくと、「本当に、止められるものならお酒を止めたい」と、泣きながら話をしてくれたんです。何度も失敗を繰り返し、借金を作り、家族にどれだけ迷惑をかけてきたか分かりません。もちろん、怒られますから、その時その時、その場その場で取り繕うような嘘をつきます。それも誰が聞いても分かるような嘘をつくんですね。当然、周りからの信用はどんどんなくなっていきますから、何とか周りの気持ちを自分に向けさせようとして、お金がないのに借金をして、いろいろな物を買っては振る舞うようなことをしていました。

周りの人たちは、そんな彼を大事にしてくれますが、その裏では借金地獄で、ヤミ金融からの督促で、逃げ回るような生活をしていました。

何故、そんなことをしてまでもいいカッコをしたかったのかを、彼に尋ねてみました。男兄弟四人の末っ子で、いつも上の兄たちと比較され、とにかく、出来の悪い手のかかる弟として扱われてきた過去がありました。その上、兄たちは、家を出てそれぞれに家庭を持ち、何時《いつ》しか家に取り残された自分が、老後の親の面倒を見なければならない状況に追い込まれていた。貧乏くじを引かされた、何とか見返したいと頑張れども、やることなすことが上手くいかず、好きなお酒を飲んでは憂さ晴らしをしているうちに、お酒がなくては生活できない自分になっていた。何とかこの生活から抜け出したいと思っていても、どうすることも出来なくなってしまっていた。

親や兄たちからは、酒を止めろ、もうこれ以上借金をするな、真面目に働けと、どれだけ言われてきたかしれないけど、「自分だってこんな生活をしたくない。立ち直れるものなら立ち直りたい」、そんなことを私の顔を見ながら訴えてきました。依存症者は、何がダメなことで、どうしなければならないかはちゃんと分かっているのです。でも、止められない。依存症という病気がそうさせてしまうのです。

だから、お酒を飲んだことがどうこうではなくて、そういう苦しい、辛い中で小さい時からずっと育ち、そんな辛い状況から抜け出すために、結果的に一番身近にあったお酒を飲むという行為にどんどんハマっていった。二十代そこそこの時にはもう、ウイスキーからビール、焼酎でも飲むようになったと言います。そして、お酒の勢いでいいカッコをしようと、ますます買い物をして人に配り、みんなの注目を浴びようとしていたとのことで、その飲み方も、借金の仕方もあまりにひどいもので、私、ちょっと聞いてビックリしたんですね。

だから、本人は自分が一番ダメだということはよく知っていますから、正論は言わない。

司会　正論が言えない、正論が通じないというのは、お世話をする者としてはしんどくないですか。

鈴木　しんどいですよ。だけど、「あなたが、それだけしんどい状況の中、お酒に逃げていたからこそ、命がつながったんだね」「よく死なずにいてくれたね」「だから会えたね」という話をしたんです。もうボロボロと涙を落としましたよ、彼。本当に大泣きしました。

それを、「飲んじゃだめだよ」とか「飲んだらまたこうだよね」って言わなくても、飲酒や借金で親、兄たちにどれほど迷惑をかけたかということは、彼は、そんな正論は全部分かっているのです。お酒はダメだ、止めなければならないということも全部分かっているんですね。これを「アンビバレンツ（相反する感情を持つこと）」というんですけれど。

だから正論をあえて言わなくても、その辛さ、苦しさを共感してあげることの方が、遥かにその当事者との心をつなぐことにもなりますし、また止めるきっかけ、再飲酒に進まないきっかけになるのです。

ところが、おたすけ人はどうしても正論で何とか相手を説き伏せようとする。そこがまず、依存症者との関わり方の、一番注意しなければならないところだと思っています。依存症の正しい知識や関わり方を知らないために、私もずいぶん失敗してきましたね。

司会　依存症者というのは、「非常に辛い、悲しい、寂しい、悔しい」という、そういうものがある。どうしてかといえば、生い立ちとか、親の育て方とか、厳しい環境とかいろんな原因がある。そういうものを持っているから、そこから逃げたいために何かに依存するわけですね。だから、「依存することはダメだ」と、いくら正論を言っても通じない。元々そういう感情、気持ちがあるから、それをまず分かってあげるということからおたすけが始まる。それがいろいろな依存症のおたすけの基本ですよね。

鈴木　その通りです。

司会　そんなことは分かっていても、現実の姿を見たら、「お前、何やってんの」と、正論が出てくるんですね。そこはおたすけ人が常に注意しなければいけないところですね。

もし今、依存者に出会ってふっと正論で「押さえつけようとする気持ち」が出てきた場合、鈴木先生はどうされますか。

鈴木　そうした気持ちが出たら「ごめんなさい」と謝ります。「あなたの気持ちを本当に分かってなかった。僕は正しいと思っていたけども、本当に嫌な思いさせたね」と、僕はまず謝りますね。もうそれは一番、今の僕の中のさんげですね。

司会　それが鈴木先生の反省ということですか。

鈴木　そうです。はい、一番の反省事項です。

司会　依存症の人が借金とか暴力に及ぶ場合がありますね。おたすけ人はいちいち対処、解決しなきゃいけない時、どんな気持ちになればいいんですか。

鈴木　過日、おたすけに行った先で、買い物依存の相談とアルコール依存の相談が二件、あったんです。家族も、そこに呼ばれたおたすけ人も腹を立てているんですよね。「またやりよった。こんなに面倒見ているのに、また飲みおった」と言って、もうカッカしているので、僕は「依存症は、いわゆるスリップ（再飲酒）するのが当たり前で、スリップを繰り返しながらだんだん良くなっていく病気ですよ。スリップするたびごとに腹を立てていたら、おたすけになりませんよ」と話しました。依存症というのはそういう病気なのですね。

後日、ＬＩＮＥでも相談にのっているんですが、おたすけ人は、裏切られたと感情的になっているけど、実は依存症の本人が一番苦しんでいることが分からないのです。だから、おたすけ人も、もっと学ぶことが大切だと思います。

司会 どんな依存症でもスリップする、すぐにまた元に戻るということですが、心の病は大体、統合失調症の人でも人格障害の人でも、双極性障害の人でも心はコロコロと変わりますよね。今、症状がいいなあと思ったらまた悪くなる。変わっていくということは、しょっちゅう裏切られるということです。それは心の病に共通していることですね。

ですから、「この人はそういう生き方をする人だ。生涯面倒を見ましょう」というぐらいの気持ちにならないといけないのですね。

鈴木 依存症は完治じゃなくて一生の病気なので、「とにかく一生上手に付き合っていく」という考え方ですから。そこが分かると、ずいぶん気持ち的にもお世話も楽になるんですよね。

それで、「なんでまたお酒を飲まなければいけなかったのか?」という原因がありますから、飲んだことを問題にしないで、飲んでしまった原因探しをすると、「あっ、それは飲みたくなるよね」という優しさに変わる。

私の講習会を受けてくれたお兄さんとお母さんとじっくり話をし、依存症の話を理解してくれたことで、飲酒を責めて責めまくっていたのが間違いだと気が付いてくださった。

お兄さん、お母さんの心が変わってくれたことで、彼は飲酒を止めて、専門病院に入院することになり、断酒会にもつながり、立ち直るきっかけになったんです。「先生が話してくれたことで、兄さんとお母さんが病気のことを分かって、私の本当に苦しい気持ちを理解してくれた。そのお陰で、私は本当にお酒を止めようと思って立ち直るきっかけになりました」と彼から聞いたんです。

だから依存症の人も、廣岡先生がお世話されている精神疾患の人たちも、当人たちが一番苦しんでいるのですね。一番苦しんでいる当人の気持ちを、おたすけ人が理解をしてあげて、その苦しみを家族に伝える。そのつなぎの作業というのが、おたすけ人の大きな役割じゃないのかなと凄く感じます。

司会　廣岡先生、いかがですか。

廣岡　はい、その通りですよね。

結局、統合失調症は発症してしまったら、生涯付き合っていかなきゃならない確率がすごく高いんですね。

治療が早く出来て、一時的な統合失調症のような状況になったけれども、ほぼ回復して社会人として勤めている人もたくさんいます。しかし、かなり長い期間、医療にかかっていなかった人になると、一生付き合っていかなきゃならない状況ですね。

家族は、本人の荒唐無稽な訴えであるとか、親を責めるような妄想で暴言を吐いてくるとか、気持ちが大きくなって街に出ていっては問題行動を起こしてしまうとか、そういったことに振り回されるのです。

妄想が勃発する根っことというのも依存症と似ていて、何かきっかけになるものがあるのだなと、教会で一緒に生活していて気付かせてもらったんですね。

例えば、月次祭が終わると調子を崩す女の子がいて、「私に対して、悪魔が『死ね』って言ってくる」とか私に訴えるのですよ。その背景に何があるのかと考えると、教会の月次祭になるといろんな人が出入りして、その人たちからちょっとしたことで注意を受けたりするわけですね。「何でそんなことしてるの！」とか、古い信者さんとかに喝《かつ》を入れられたりとか、そういったことで、やっぱり否定的に人から言われた言葉というのが自分の頭の中でリフレイン（繰り返し）すると、幻聴という形で自分に戻ってきてしまう。だから、周りの人たちにも理解してもらわないといけないのですね。

教会はたくさんの人が出入りする場所なので、「教会は伏込みの場だ」と思っている人たちからすれば、私たちが腫れ物に触るようなところまではいかないですけれども、優しく接しているのを見たら、「あんなんでたすかるんですか」となってしまう。私も以前はそうでしたが、たまに教会に来て、そういう姿に接するとストレスだとは思いますね。当人もストレスを被ってしまう。これをどうしていけばいいのか。そういう姿を見て、不足する人に対してはまず私が謝るしかないのかなということです。「私の不徳の致すところで、すみません」と。それで相手の気が済めば、「まあ、会長さんに免じて許してあげる」ということになるのです。

そうしながら、一ト月、二タ月、一年、五年と積み重ねている間に、「確かに、去年だったら挨拶できる子じゃなかったけども、今はこうやって挨拶してくれるようになったよね」というようになります。年単位で見ていくと、確実に良くなっている姿に気付いてもらえます。これは本当に根気のいる、時間がかかる仕事ではあるんだけれども、やっぱりそうやって時間を積み重ねながら、お互いに理解して、私が日頃言っていることは、単に甘やかしてるだけではないんだということも分かってもらえる。統合失調症というのは、そういうストレスに対して弱いものがあるから、小さなことは少し大目に見てあげて接していく。相手に心のゆとりが出てきた時に、穏やかに話すことが出来るのですね。

だから、「この子は一生、幻聴、妄想は取れないと思いますよ」と医師に言われた子が、確かに取れないんだけれども、本文にも書きましたけど、自分を否定して聞こえていたものがほぼなくなりましたよね。「『死ね』って言われました」とか、「『出て行け』って言われました」とかいうことを一切訴えなくなりました。

だから統合失調症も、対人関係の中で悪化したり良くなったりしていくという意味においては、これはやっぱり依存症と似ていると思います。例えばうつ病であるとか、他の精神疾患、先ほどもお話があった通り、全般に関して共通している部分じゃないかなと、鈴木先生のお話を聞かせてもらいながら、共感させてもらったところです。

おたすけ人の信仰姿勢と努力

司会　教会では、そういう症状のある人を引き受けるわけですね。お二人は会長さんで、当事者のことを分かっているからいいけれども、その他の住込みさんとか、他の信者さんからしたら、「何でこんな人を置いているのか」とか、「いない方がいいのに」と思う人もいるし、本人に面と向かって言う人もいると思うんですけど。会長さんが本人を責めなくても、他の人が非難してしまうとか、注意してしまうとか、そんなことが常にあると思うのですが、どうですか。

鈴木　住込みさん同士でも、「あの人には会長さん、すごく許しているけど」っていうことがあります。私は相手が病気だから病気の対応をしているつもりなんだけど、それが分かってもらえない。やっぱり、住込みさん同士でもそういうことがあるし、夫婦の中でも心の行き違いで、そういうことがありますよね。

私は依存症なり精神疾患のことが分かって、あるいは認知症だということが分かれば、それなりの対応を心掛けます。

それでも、それが分からない家族であったり、信者さん、役員さんからすると、「会長さん、もうちょっとバシッと言わんと。あれじゃ示しが付きませんよ」と言われますね。多分、廣岡先生も同じだと思いますが。そういう人たちの対応と、当事者との板挟みになるのが、会長の一番辛いところですね。

司会 ある会長さんが、「うちも引き受けたいんだけど、家内が『うん』と言ってくれない」と言っておられましたね。

鈴木 会長は教会から外に出ることが多いじゃないですか。そうすると、そういうお世話の大変な人を教会に置いて、何日も教会を空けると、その間にいろいろと問題を起こしますから、家内から「アンタはいい顔して連れてくるだけでいいけど、世話するのは私なんだから」と、あまり表には出せないような会話も当然あると思います。

僕の家内は「絶対に嫌だ」とは言いませんでしたが、「何とかしてよ。もう勘弁してよ」と、そういう言葉はよく出ましたね。

廣岡 私どもの教会でも、夜に調子を崩したり、寝られなかったり、幻覚で騒ぎだしたり、「外から私を殺しにきた」とか騒ぎ出す人がいましたね。そんな時、私が晩酌でもしていて対応できないとなると、奥さんにとっては一番、「あなたが連れて来た人が騒いでいる。もうどうにかして」ということになるので、私は晩酌はもう止めましたね。教会で精神疾患の方と暮らす上で、やっぱり飲んでなくてよかったなと思うこともたくさんありました。夜にすぐ車に乗せて、精神科の救急外来で診てもらった人は、本当に初期だったから三カ月の入院だけで治まりました。

もし、一杯でもお酒を飲んでいたら車を運転できないし、家内に任せては、対処のいろんなことがスムーズにいかなかったんじゃないかなと思います。

そういう意味においては、会長の努力が大切ですね。結局、家内なり、子どもたちも含めて、家族に負担をかけることになるのは事実なので、やっぱり会長もいろんな努力をしなければならないと思います。

鈴木　私も晩酌は一切しません。教会では、一滴も飲みません。お客さんが来ればお酒を飲むことはありますけども、基本的に私は一切晩酌はやらなくなりました。

また、晩酌をやらないことがいろんなおたすけにつながるし、信者さんも安心しますし、夜中に電話があっても素っ飛んでいくことも出来ますからね。「やっぱり晩酌を止めて、教会として会長として本当によかったな」という経験の方が多いですね。教会の会長さんは出来るだけ晩酌をしない方がいいですよと、お勧めしたいですね。

廣岡　本当にその通りですよね。飲んじゃうと、自分自身の感情のブレーキも甘くなってしまうから、愚痴が出てきたりもするし、特にアルコール依存のおたすけに取りかかっている会長さんがお酒を飲んで、お世話している対象者の愚痴をこぼしていることがあります。そういう場面を見ると、「まずあなたからお酒を止めなさいよ」と言いたくなりますね。やっぱり、お酒を飲んでいれば、どうしても心に秘めたものが口から出てきたり、言ってはいけないようなことも言ってしまったりします。教祖は「道は辛抱と苦労やで」と言われましたけれども、やっぱり辛抱しなければいけないところはありますからね。

口元まで出かかっても、グッと抑えていたものが一杯入ってしまうと、相手に言ってはいけない言葉がついつい出てしまう。そういう意味では、お酒が好きな教会長さんには、大変難渋な、辛抱をしなければならないおたすけかも知れません。

それとお酒が入ると理性のブレーキが壊れて自制心がなくなり、自分の癖・性分や、いんねんが出てきやすくもなりますからね。

鈴木　そうですね。夜中にはいろいろと問題が起こるし、夜中でも信者さんが教会に電話をしたら会長はすぐ動いてくれる、すぐ対処してくれると、そういう信頼関係を教会と信者さんで作る上でも、大事なことですね。これが教会としての存在意義が高まることだと思います。いつでも、「分かりました。すぐにお願いづとめをさせてもらいますからね」

とか、場合によっては夜中でも「すぐ行きますよ」と、こんな教会や会長になっていけば、お道はもっと変わるかなと思ってずっとやってきました。依存症に限らず、その他の身上、事情の時でも、すぐに、「おたすけに出る」という姿勢はすごく大事だなあと思いますね。

問題を一人で抱え込まない

司会　先ほど鈴木先生が仰っていましたけど、おたすけ人として心を病む人、統合失調症や依存症の人に接する時、最初は一生懸命になって、やり過ぎて、もう相手からベッタリとストーカーみたいにくっつかれて、こっちの動きが止まらないようになることがある。だから、おたすけ相手と適当な距離というものを持たなければいけないということが出てきますね。そのあたりの問題について、どう思われますか。一生懸命やった方がいいと、お道のおたすけ人は皆そう思っているんですよね。

そんな中で、一定の距離を取るというのは、どうしたら出来るのでしょうか。具体的には、思い切って「入院させる」とか、「施設に入れる」とか、そういうことも出来るでしょう。その距離の取り方についてですね。

鈴木　依存症でいうと、それは「共依存」といわれる部分になるんですが、おたすけ人は間違いなく共依存になりやすいです。私も、最初の頃は共依存にどっぷり浸かって、それが天理教のおたすけだと思ってやっていました。

「ギャンブル依存症問題を考える会」代表の田中紀子さんから、ずいぶんそこを指摘されて、「結局、それはどっぷり浸かって、相手に余計依存させてしまうだけです。本来、依存する先は神様じゃないの?」と言われました。「私に依存させるんじゃなくて、神様に依存してもらうために導くのが、本当のおたすけじゃないの?」と、こう言われた時に気が付きましたね。おたすけ人というのは相手が自分にどっぷり依存してくれると、やっぱり満足感があるんですよね。「ああ、私にこんなに頼ってくれている」ということで、「共依存」になる。やっぱり、僕はそれが危険なところの一つではないかなと思います。

どこまでいっても、たすけてくださるのは親神様、教祖だというところを忘れてしまって、「自分が、自分が」ということになると手放せなくなる。「共依存」の一番の原因は、そこではないかなと気付きがありました。

それでは、「自分がない」とすればどうすればいいかというと、手放しても相手がちゃんと神様の方向に行くためには、例えば一定期間を施設に入ってもらう、入院をしてもらうということで、本人にじっくりと向き合う時間の余裕を作る。それがやっぱり一番だなということを、依存症のおたすけでずいぶん学ばせてもらいました。

入院をさせるとか、施設に任せるということは、天理教のおたすけでは「敗北」だとずっと思ってきましたけど、それが実はもっと症状を悪くしていたのだという気付きは、僕にとって物凄く大きなものでした。依存症に限らず、他のおたすけでもやはりそう思っています。

親神様と教祖に働いてもらって、「私がたすけるのではない」と、ここの線引きが分かってくると、もっともっといろんな手立てに気付きが出てくるんじゃないかなと、そんな感じがします。

司会　その「距離の取り方」ですね。廣岡先生はどう思われますか。

廣岡　鈴木先生のおっしゃる通り、本当に力が入り過ぎて、気が付いたら、自分がもう「救済者幻想」（註1）のような状態に陥っていることに、本人も気付かずにひたすら突き進むことになる。そして最悪なのは、本人が関わっている医療機関の主治医に対しても、敵対視してしまうような感情を持ったりします。

そういったことが、結局、気が付いたら自分だけ一生懸命本人の世話をして、周りはそれに引っ掻き回されて、「自分は、俺は一生懸命やっている」という自己満足感が大きくなって、その大変さが充実感とすり替わっていく。本当に救済者幻想のような状態になっていって、それで失敗したこともたくさんあるんです。

やっぱり鈴木先生がおっしゃる通り、「これはもうおさづけでご守護いただくんだ」という中で、「医者、薬は修理肥」とは聞かせていただいてはいるけれども、「所詮は修理肥だから」みたいに、自分の中で位置付けを決めてしまって、ないがしろにしてしまうということでしょうね。結果的に、本来だったら「ここは入院させるべきだった」というところを引きずり回してというのか、自分が「ああしなさい、こうしなさい」と言うことで、悪化させてしまうということが多々あったと思うんですよ。

だから、そういう意味では本人が調子を崩したら、例えば肉体的な調子を崩した時、熱が出たら、八度とか九度とかになったら病院に連れていく。それと同じで、妄想からなる言動が普通のレベルを超えてきたなとか、そして本人もそれで寝られない、辛い。周りも振り回されているという状況が、完全に医療機関に頼る状態なのですよね。

そういったところで、病院にも通院させて、場合によっては入院してもらう。そしてまた調子が戻ってきたら、再び関係を作り直して、また積み上げていってお世話を続けるということが大切だと思うんですよね。

鈴木先生がおっしゃる通り、医薬で簡単に治る病気じゃない、難しい病気なんだから、神様に働いてもらうんだという気持ちは大切なんだけれども、そこで本当に医者との関わりというものを断ってしまうぐらい抱え込んで、もしかすると部屋に鍵をかけて押し込めてとか、非人道的なことを結果的にやってしまったりするんですね。

そして、最終的にはおたすけに失敗するような形になっていってしまう。精神障害のおたすけに関わる方で、よく目にしたり耳にしたりしますが、最終的には「あの人は所詮、徳が無いんだ」とか「それまでの人間だ」と言って、自分の中で落としどころを見つけてしまう。その気持ちは分かるけれども、そう思っているうちは何も前には進まないし、もう一生関わらない方がいいんじゃないかとなってしまいます。

社会資源の利用と連携

司会　鈴木先生も以前『陽気』誌の連載で書いてくださったように、天理教のおたすけ人には、絶対に病院に入れたらいけない、信仰的にはそれはダメだという思いがあるんですね。そうではなくて、特にこういう精神障害の人たちは、大いに社会資源（註2）を活用してやっていかなかったら、おたすけできない。自分の中で全部完結させようとするのは、どこかで神様の思召から外れていってしまうということがあると気付いたというように、廣岡先生も鈴木先生もおっしゃっている。その辺りのことをまとめて教えてもらえたら有難いんですけど。

鈴木　私は、自分で何とかしようというのは、こうまんのほこりの絶頂じゃないかな、と思いました。それは先ほどから何回も言っているように、ご守護くださるのは親神様、教祖であって、私がたすけの主ではないという、そこのところの気付き。それが一番大きかったのが一つです。自分には何の力もないし、そんな自分が何でもかんでも抱え込んでしまったら、むしろ廣岡先生が言っていたように、相手を引きずり回しているだけで、本当のたすかりからどんどん遠ざかってしまうんですね。

むしろ、我々は「神様の懐住まい」といわれるこの世で、知恵の仕込み、文字の仕込みをしてくださって、これだけ世の中が進歩してきた。それも親神様のご守護だと思った時に、病院であり、いろんな政策であり、行政がいろいろと用意してくれているもの、施設とかいろいろな機関、これも神様が陽気ぐらしをするために、我々のためにお与えくださったものだという、そこの気付きが、僕の場合おたすけの大転換になりましたね。

それまでは、当事者をずっと自分で抱え込んで手放さない、そんなことをしたら天理教の負けだと頑なに思っていました。それがおたすけ大失敗の一番大きな原因だというふうに思っています。

そうしたことに気付いたことで、全てが親神様のご守護の世界だという「かしもの・かりもの」の思案の仕方もやっぱりずいぶん変わりました。親神様がこの世に用意してくださった全ての物をもっと使わせてもらっていたら、おたすけで親神様がもっと喜んでくださる。教祖が、「そうか、そうか、やっと気付いたか」と言ってくださる。今は、そんな感じを味わわせてもらっています。

行政と、あるいは病院と連携することは、神様が用意してくださった「かりもの」を存分に使わせてもらっていると、逆に感謝の気持ちを持って利用すれば、行政も病院側も天理教に対するイメージが全く違ってきますので、むしろそこが今、天理教も大転換すべきではないのかなと、そんなふうに思うようになりました。

司会 廣岡先生はどうですか？

廣岡 はい。本当にその通り、おっしゃる通りです。やっぱり今振り返っても、その本人を通して得られたいろんな出会いというのは物凄く私自身の財産になっていますね。

例えば、社会資源を利用するにあたって、市の福祉課のケースワーカーに教会に来てもらって、いろんな制度を利用するアドバイスを受けたり、いろんな手続きの願書を書いたりとか、そういうアドバイスを受けながら作業するわけですけども、一通り終わった後に、来てもらったある人が、「廣岡さん、実は僕、村上和雄先生の大ファンなんですよ」と言われてびっくりしました。あの村上先生の「サムシング・グレート」のキーワードにすごく彼は惚れ込んでいて、全く天理教の信者でも何でもないのに、道友社の本とか、村上先生のさまざまな著作を全部購入して、読破しているんですよね。

彼はいまだに教会ともつながっていて、私も知らないような教内のいろんな情報をインターネットで調べて教えてくれます。先だっては「廣岡さん、この前『扉はひらかれた』という映画を見ました」って言うんですよね。教祖九十年祭の時に、非公式であちこち巡回した映画なんですけども、いたく感激しているんですよね。

まさか年下のそんな青年から、四十年以上も昔のその映画の存在と、それをまた見ることが出来るということを教えてもらいました。それを、当時その映画のフィルムを持ってあっちこっち行った方に教えたら、すごく喜んでいましたね。

また、あるお医者さんとも話していたんですけれども、「結局、宗教と科学、医学というものは、融合することはないと思うけども、こうやって融和していくことが出来て、それは本当に有意義なことですよね」というコメントをくださったお医者さんもいました。

「融和」とは良い言葉だなあと思いました。

そういう気持ちで、社会資源を運営されている方や医療従事者など、そういった方々に接する中で、宗教者のこちらが、この人たちといかに「和」を作り上げるかということを、親神様は望んでおられるんだなと思って接していったら、いろいろな面白いエピソードが生まれてきますね。思いもしなかったことを聞かせてもらうことが出来たり、おたすけの勉強にもなります。

いずれにしても、笑顔と笑顔で接する中で、いろんなものが新たに生まれてくるんですね。それもこれも、こういったおたすけを通して生まれた出会いが運んできてくれたものであることは間違いのないことです。とにかく、このおたすけを一人で抱え込んでやっていたら、何も生まれなかったエピソードだなと今しみじみ思いますね。

鈴木　静岡県に「服部病院」という有名な依存症の病院があるんですが、一番最初に書いたアルコール依存症の彼も、そこへ何回も入退院させたんです。その家族会に、私は家族ではないけれども、生活を共にして世話をしている家族ということで、毎週出ていたんですけど、「この人は天理教の人で……」と、私のことも紹介してくれたりしました。

それでずっと一緒に出ていたのですが、ある時、院長先生が依存症の彼に、「お金があなたをダメにしたんだから、持っている財産、天理教に全部寄付したらどうですか」と言ってくれたんですね。本当に一生懸命やっていれば、お医者さんも認めてくれます。

今、うちの教会で介護の関係も含めてカンファレンス（医療・福祉関係の会議）を、ケアマネジャーや精神保健福祉センターの相談員や訪問看護の看護師さんなどが来てくれたりして、いろんなところを巻き込んで毎月やっているんです。ちょうど、統一教会が問題になっている時に、ある事務所の中で、「毎月、天理教に行って大丈夫か」って心配をされたそうですが、逆に「いや天理教は違うよ。天理教の鈴木さんは、お金儲けどころか全部身銭を切っている。本当にこんなに一生懸命ボランティアをやってくれる人はいない。

天理教は違う」と言ってくれたと聞きました。統一教会の問題では、逆に天理教の株が上がったということが、今回も起こりました。

これは、行政と社会資源の施設や機関、病院などいろんなところと関係を持って、ちゃんと教祖のたすけ一条の心でおたすけをしていればこそできたことで、逆に何もなかったら、そういうことすらも言ってもらえないわけですね。

そうやって、天理教として堂々と一生懸命にひのきしん精神、おたすけ精神でやってさえいれば、それもにおいがけにつながっていくと思います。これが今の時代に合った一つのにおいがけ、おたすけの場面になるんじゃないかなと、本当に実感しています。

教会でお世話する問題点

司会　「教会として、心の病のおたすけをする場合の問題点」ということでお話を聞かせてもらいたいんですが、私個人の意見では、心の病のおたすけは、これからのお道が取り組むべき最大のおたすけのテーマだと思うのです。基本的には、教会家族として共に通ろうという、そういうおたすけになるだろうと思います。「教会家族」としてのおたすけは、初代の方々が始めた、お道独特の伝統あるおたすけだと言えます。だから、このおたすけをお道の人たちが真剣にやっていけば、昔のように活気が出てきて勇み立ったお道になると考えているんです。

現実に教会として、心の病の人たちを受け入れていく場合、いろんな注意点とか基本的な心構えとか、そういうことについて、先生方からお話を伺いたいと思います。

例えば、Aさんを教会に連れてきた。そのAさんに対して、教会との関わりはどういうふうにしたらいいですかね。基本的な考え方というか、どうでしょうか。

鈴木 教会に住込んでもらうというのが、僕は一つだと思います。これも「ひのきしんスクール」でずいぶん討論したことがあるんですけど、教会家族という考え方は、教会に一緒に住むから家族となるわけですけど、一方、信者さんも含めて教会に関わる人全部、それが教会家族だという考え方で僕は良いと思っています。住込むという場合と、教会に通ってもらう、あるいは逆に教会から足を運んでいく。そういうおたすけと二通りの関わり方がありますね。教会に住込んでもらうことでたすかってもらう人、それが容易に出来ない問題があった場合には、教会に通ってもらう。あるいはこちらから足を運ばせてもらう。この二通りだと僕は思っています。

教会で住込んでもらうことについては、まず部屋の問題が出てきますね。まあ雑魚寝でもいいという時代から、今はそれが出来なくなっている時代に入っています。

それから国民健康保険や、年金をどうするかという問題。実は経済的なこの問題が本当に大変な問題の一つです。もう一つは当事者へのお与え、小遣いにしても生活費にしても必要になります。その辺のところはどうするんだという経済的な問題ですね、これが非常に難しいなと思います。

お年寄りで年金をもらっている人であればいいですけども、年金をもらえない、もらっていない、そういった人たちに、どういうふうな経済的な対応をさせてもらうのか、対応できるだけの余力がない教会はいっぱいありますからね。そういう時にこそ、行政の力を借りて、生活保護などをもらってでもたすけていくべきだと思います。

以前は生活保護などをもらったら、「天理教の名折れだ。徳を無くす」というような考え方が非常に強かったんです。極端に言えば、「そんなものをもらったら、本当に悪しきいんねんを積むだけになってしまうから、とんでもない」というふうにずっと思っていましたけど、今は、使えるものは何でも利用して、その人の運命の切り替えをしていく。そういう進め方もとても大事だと思います。ただし、そこにあぐらをかかないように、当事者の心の丹精をしっかりとさせていただく。

後は経済的なことも含めて、当事者の家族がどういうふうに関わってくださるのかということが大事ですね。最初に家族とじっくり話し合いをさせていただく。そして教会が、教会家族として同じ立場になって、同じ場所で、同じ物を食べるという、本来の「たすけ道場」としての教会の形に変わっていけば、教会の内容もずいぶん変わってくるんじゃないかなと思います。

司会　廣岡先生はどうですか？

廣岡　はい、そうですね。経済的な部分というのは、病む人を住込みさんとして預かろうと思った時に、やっぱり教会にとってはウエイトが大きいと思うんですよね。

私どもも最初は丸抱えでスタートして、丸抱え状態の人が三人、四人と増えてきた時には、教会もちょっと余力があったので出来たのですけれども……。

しかし、病院にいくと主治医がですね、私らがまさかそんな丸抱えみたいな形でやっているなんて夢々思っていなかったのか、本人らの衣食住に関わる出費に関して、「どうなっているのか」と尋ねられました。その時に、「実は教会で全部受け持っています」と話したら非常にビックリされて、「廣岡さん、それはもう有り得ない。これは本来医者から言うべきことじゃないんだけども。この人と、教会にいるこの人、この人、この人はもう統合失調症だけじゃなくて、知的障害もあります。重複障害になっていますよ」と言われました。

そういったことを言ってくださって、私も薄々、この子らはそうだろうなとは思っていたけれども、教会で家族として一緒に生活していくという上で、本人は苦手な部分が多いなど感じていました。そういうことを理解さえしていれば、当時は知的障害があるとかないとかいうのは、まあ大した問題ではなかったのです。

でもお医者さんは、「この子は申請すれば、まずＩＱテストをしたり、さまざまな検査をして、おそらく療育手帳を取ることが出来るし、障害年金をもらうことも出来るようになりますよ」と教えてくださいました。お医者さんの方からいろいろアドバイスしてくださって、一つ一つ進める中で当人たちと相談して、その方たちがいただく障害年金の幾ばくかは教会に対する、住まわせてもらうお礼やお供えとして、そして本人のお小遣いはこの額と、それはお与えとして渡していくというスタイルが出来ていったんです。

でもやっぱり、この経済的な部分は難しいと思いますね。丸々抱えていくとなれば、本当にある程度教会に経済的な力が無いと難しいと思います。そんな中で、もし無理をしてしまったら共倒れしてしまうかもしれませんね。会長だけ勇んでいても、会長の配偶者や子どもたちがそれを見て心曇らすようでは、これはもう本当に独りよがりのものでしかないので。

そういったことも、どうしていくかということを、それぞれの考えも聞いた上で、場合によってはそうした生活保護も視野に入れながら、教会の近くのアパートに住んでもらいながら運んでもらうとか、卒業するのではないですけれども、自立して通院や生活ができるようになったら教会から出て転居するとか、個々に相談して判断していけばいいと思います。住込みから、さらに近隣に住まいして経済的な管理などをしてあげるとかいうこともあります。

今は、成年後見人であるとか任意後見人とかいろいろ、社会でもそういった活動をされている方も多いですね。教会の会長さんなり、奥さんなりに、そういった立場になってもらって、丸抱えからいろいろの制度を使わせてもらう。生活保護をもらい、近隣のアパートで暮らしながら教会へ足を運んでもらうとかしていますね。いろんな関わり方があって私はいいと思いますが、少なくとも、その教会を拠り所にしてもらうことが大切だと思うんですよね。

私どもの教会でも、ある時、抱える人が手いっぱいになってしまって、もういっそのこと施設に皆入ってもらって、その中で生活してもらったらいいんじゃないかな、と思ったことがあったんです。だけども、やっぱりその人たちの口から、何かの時に毎日読ませてもらう『教祖伝逸話篇』の中の教祖の言葉の一節が出てきたりするので、教会で共に生活をするということは、本当に大きな意味があるんだなとつくづく感じました。

やっぱり教会が好きでいてくれる子もいるし、自立することを夢見ている子もいるし、まあそれはそれでお世話していかなければとは思っていますけれども。ですから抱え込み過ぎずに、スタートの時点から、可能な限り本人の状態に合わせた社会資源をいろいろ世話してあげたりということも、おたすけの上で大事なことだと思います。

そういった中で、まず精神状態を落ち着かせて、そして、日常生活ができるような世話取りを教会でしてあげて、時間はかかっても独り立ちして、自立した生活が出来るようになるまで仕切ってお世話するということが、おたすけの基本だと思います。このままずっと教会でお世話になりたいという人は教会にいてもらう。これもおたすけだと思います。そういう意味では、中臺勘治先生（報徳分教会前会長）が路上生活者や身寄りのない方々のおたすけをされているのと、ちょっと似ているかも知れないですね。

教会から出ていって独立していく方もいれば、教会でずっと一緒に、教会家族として生活しながら伏込んでくれている人たちもいる、そういうことだと思うんです。

おたすけ人の一番の協力者

司会　最後になりますが、鈴木先生も廣岡先生も教会で実際におたすけをされる中で、奥様の存在は物凄く大きいと思うんですよね。その点はいかがでしょうか。

廣岡　その通りです。奥さんの存在はまさにおっしゃる通りです。

男性の教会長というのは、一生懸命ご用をやっていれば奥さんはその後を付いてくると、大きな錯覚をしているんですね。

それを思うと私、おつとめの「ちよとはなし」の中で、「ぢいとてんと……」というのは見事な手ぶりやなと思うんですよね。左右の人差し指の内側が互いに向き合っている。私が神様のご用を一生懸命やり出した時は、どちらかというと、自分だけが神一条の方（天）だけ向いて上がっていって、家内は会長が一生懸命やっているんだから、自分はしっかり下（地）を向いて教会の地盤を固めなきゃならないと頑張る。しかし、それでは指と指が背中合わせのようになってしまっている。肝心なことは、お互いの人差し指の内側が向き合うように、自分も神一条で上へ上がっていくけども、今を整えてくれている家内の方も向きながら上がっていって、互いに立ち位置は違っていても、共に向き合っていることが大切なんだなと、最近つくづく思うんですよね。

こんな未熟な私ですので、どうかすると独りよがりに走りかねないんです。そんな私を見捨てもせずに、家内は一生懸命、この地の理でもって、台となって支えてくれている。家内には本当に感謝してもしきれません。特に、調子を崩したり、ふさぎ込んだりした子がいると、家内は力技でも笑わせるんですよね。これはちょっと表現出来ませんが、笑い出すしかないような仕草、滑稽な姿をやったりするんです。そんな家内を見た時、すごいなあと思いますよね。本当に感謝しかありません。

司会　鈴木先生はいかがですか。

鈴木　「どんなに太い柱も、土台がなかったら倒れる」とよく言われますけど、私も家内の異常なほどの明るさのお陰でたすけられています。

私は一昨年、会長を息子に譲りまして、その時に三泊四日の旅行に家内を連れていく約束をしていました。それが一年以上も過ぎて年祭活動に入ってしまったんですが、今年やっと一月末に、家内の希望の長崎旅行に連れていくことが出来たんです。

本当に不平も言わず、家内が教会の全てを受け止めてくれていました。それがなかったら、私はこんな無茶苦茶なことは出来なかったですし、夜中に叩き起こして一緒にお願いづとめをしてくれたり、たまたま私が飲んで帰ってきて、夜中のおたすけでも家内が運転していくとか、あるいは自宅で暴れる住込みさんがいるのが分かっていながら、出かけていかなきゃならない。そんな大変な人を受け入れてくれているとか、女性の力というのか、家内の力は大きいし、大事ですね。

外でずいぶんおたすけのストレスを抱えている僕なんか、そのストレスの愚痴を聞いてくれるのも家内なので、やっぱり台地の広さ、大きさというのか、おたすけだけじゃなくて、何でもかんでも受け止めてくれる。笑えなくなった旦那の愚痴さえも全部受け止めてくれる、そういう奥さんのお陰があったからこそ、ここまで来られたというのが現実です。

本当に僕は感謝しかないですね。だから毎年、家内の誕生日、結婚記念日を忘れることなく、必ずお礼を申し上げています（笑い）。

司会 最後に、全国の会長さん方はじめ、統合失調症や依存症の方のおたすけをされているようぼくの方々に呼びかけをするとしたら、どういうふうに励ましてくださいますか。

鈴木 私は、依存症も統合失調症も大変なおたすけだと思います。本当に難渋だすけですよね。今のこの難渋は、本当に心だすけだと思います。先ほどおっしゃったように、これは本当にお道でなければ出来ないおたすけだというふうに自負しています。

それは、教祖がどんな人でも抱え込んでお連れ通りくださったという、教祖のひながたがあったからこそ分からせてもらえます。難渋な人には、誰もが厄介で関わりたくないというのが当然でしょうね。そこに手を差し伸べ、共に歩ませてもらうという、そこに目を向けていったら、今の年祭活動に取り組んでいく中で、私たちの働き場所はいくらでもあります。年祭活動にふさわしい、やりがいのあるおたすけだと思います。今、そういう旬だと思います。

そのためには、まず私は一人で抱え込まない、一人で悩まない。親神様、教祖に働いていただく、「互い立て合いたすけあい」という、皆が手を取り合って、そこに向かっていくということ。そんなおたすけができたら、本当に不思議な結果をたくさん見せていただけるというふうに思っています。

あと一つは、是非、「学び」をしてもらいたいと思います。依存症であり、統合失調症であり、いわゆる正しい学び、知識を持つということ。これがまた、より一層大きなおたすけにつながるというふうに思っていますので、どうかこのだめの教えに導かれたお互いが自信を持って、心だすけの依存症に立ち向かっていただければ本当に有難いし、「天理教といえば依存症、依存症といえば天理教」と言える、昔のようなお道の勢いを取り戻す一つの手立てとして、一緒に励んでくださったらと思います。

廣岡　私、本文の中にも書かせてもらったんですけども、統合失調症というのは、歳とともに良くなっていく。普通は糖尿病であれ、さまざまな、特に成人病といわれているものというのは、歳を重ねると徐々に徐々に悪化していくという、まあ慢性病というのは得てして、ほとんどがそうだと思うんですけれどもね。

しかし、精神障害の中でも統合失調症に関しては、歳とともに良くなっていくという不思議な病気なんですよね。実際、私が接してきた人たちを見ても、だいたい還暦を過ぎたあたりくらいから落ち着いていかれる。そういうと非常に気の長い話ですが。対象者がまだ三十歳前だったら、「まだこれから三十年あるのか」と思ってしまうかもしれないけれども、でも、本当に歳を経るごとに良くなっていく身上ですね。

だけれども、そんな長い年数の中で、当人、当事者の家族というのは本当に疲れ切ってしまっている。ですから、私たちがおたすけ人として関わり、その道中で積み重ねていく年数の中で、何か喜びを与えてあげることが出来たならば、本当に良い年数を積み重ねるきっかけを提供させてもらうことが出来ると思うんですよね。

若い当事者の親御さんで、「この子を残して、私は死ねない」と言われる方がたくさんおられましたが、そんな方ばかりで家庭の中で抱え込んでしまって、医療や社会に全然SOSを出したことがないということがたくさんあるんですよね。本人からはなかなか手を挙げて「たすけてくれ」とは言ってこないので、いろんな人とネットワークを広げる中で、「実は気になる人がいるんですよね」とか、そういった声を敏感に拾い上げて、勇気を持って声を掛けていくということが大切だと思います。

実際に本人と接すると、当人がいろんな妄想だとかを抱えている中で一番辛いのは、それをまともに聞いてくれる人がいないということなんですね。自分の中でいろんな妄想がパンクしそうになっているのに、一人、病と闘っている。世の中にはそういった人もたくさんいるのです。残念ながら、そういった人たちにとって、きちんと対応してくれる人がいなかったために、さらに妄想が酷くなっていって、大きな事件を起こしてしまうとか、そういったことも近年チラホラあったんですよね。

もしこの人の周りで、ユーモアを持ちながら、ちょっとでも本人の妄想に付き合ってあげる、時には、ジョークを交えたりしながら、少しずつ少しずつその妄想を和らげることが出来たのなら、あんな事件は起こらなかったんじゃないだろうか、と思うことも多々あります。必ずしも、統合失調症の人が危険な事件を起こすわけではない。むしろ健常者の方が、たくさん惨い事件を起こしているのですが。

でも、本当にこの病気を通してそういった状況になってしまった人たちに、きちんと対応できる人がその周りにいたらと思った時に、もっともっとネットワークを広げて、いろんな人の声を拾い上げて、おたすけしていければいいなと痛切に思います。

司会　ありがとうございました。

（註1）個人が「救済者になることを運命づけられている」という信念を抱く心の状態。

（註2）利用者のニーズを解決するために活用される制度、機関、人材、資金、技術、知識などの総称。公的・個人的な機関、社会保障制度、ボランティア、サービスなど、多方面にわたって多数ある。

あとがき

先日、大好きだった大叔父が九十一歳の天寿を全うして出直しました。

この大叔父は六人の子宝に恵まれましたが、若い時に統合失調症を発症し、私が幼い頃に一度両親に連れられてその病床を見舞ったことがありましたが、何を話しかけても、ただ天井の一点を凝視して無反応だった姿が目に焼き付いています。

しかし、家族を始め兄弟からの愛情や所属教会の会長ご夫妻の親心によって回復され、長きにわたって夫婦で教会や地域へのひのきしんを生き甲斐にしながら過ごし、誰からも愛される生涯を歩まれました。

夫婦で私どもの教会に住込んでくださったとき、時々調子を崩されて妄想的なことを表情をこわばらせながら訴える姿に接して、改めて家族の苦労や当人の生きづらさを知ることができました。調子の良いときは、ニコニコと冗談を言っては周囲の人々を笑わせ、どこへ行くにも夫婦手をつないで歩く姿は、映画のワンシーンを見ているようでした。

晩年、ご長男に続いて最愛の妻に先立たれた時は、変調をきたすのではと心配しましたが、認知症のお陰もあってか、淋しい気持ちは「点」で現れることがあっても「線」として引きずることはなく、穏やかな生涯を全うされました。

統合失調症は、まだまだ偏見も多く、たしかに対応の難しい疾患ではありますが、私の心にはこの大叔父が遺してくれた喜びの人生と、その家族たちが歩んだ道のりが、これまでのおたすけの支えになっています。

しかし私自身、そもそも何の知識も経験もない中、右往左往しながら手探りで取り組んできた統合失調症へのおたすけですが、その歩みの中で大きな支えとなりましたのは、天理教社会福祉課で運営されている「ひのきしんスクール」での学びと出会いでした。

たとえどんな病でも、神一条の精神と真実誠の心があれば、かならずご守護をいただけると信じて歩んでまいりましたが、その精神を下支えしてくれるものが、まさに「ひのきしんスクール」で学んだ知識と、そこで得られた出会いでした。

もし、おたすけ心に燃えてアメリカへ行くとしたら、やはりまず英語を勉強すると思うのです。それは精神疾患のおたすけでも依存症のおたすけでも同じなのです。初めは手探りであったとしても、独善的な自己判断で突き進むのではなく、悩んだときはなおのこと、相談したり、さまざまなことを学んだりしながら一歩ずつ進んでいきたいものです。

しかし、どれだけ心を配っておたすけに当たっていても、本人やその家族とのトラブルは避けられません。それは精神疾患のおたすけも依存症のおたすけも同じで、そんな時こそ反省すべきは謙虚に反省し、改善すべきところは素直に改善しながら歩んでいきたいものです。

幸い、私たちの悩みの相談の場として「教会長おたすけ相談室」や、おたすけの学びの場として「ひのきしんスクール」があります。地域にある社会資源はもちろん、このような教内の取り組みの活用とあわせて本書がおたすけの一助になれば幸いです。

社会は今、長引いたコロナ禍の影響により、本来なら早くに表に現れていたような問題が、水面下で深刻化しているケースが増えている感があります。

こういった時代だからこそ、私たちようぼくが勇気を持って難渋に苦しむ人々に声をかけ、共に陽気ぐらしを味わえるように歩ませていただこうではありませんか。

令和五年三月一日

廣岡 文衛

■筆者紹介

廣岡文衛（ひろおか・ぶんえ）

昭和38年北海道美唄市生まれ。天理教校専修科卒業。天理教ひのきしんスクール運営委員、教会長おたすけ相談室相談員。美唄市文化連盟会長、美唄市PTA連合会長などを歴任し、現在は美唄市社会教育委員、保護司、教誨師などをつとめる。他に北海道教区主事、教区災救隊隊長、教区少年会団長などを歴任。天理教美唄分教会長。

鈴木顕太郎（すずき・けんたろう）

昭和29年静岡県浜松市生まれ。天理大学文学部宗教学科卒業。天理教ひのきしんスクール運営委員、三日講習会講師、教会長おやさと研修会講師などを歴任。現在は天理教「依存症たすけあいの会」代表。酒害相談室次長、教会長おたすけ相談室相談員。地元では保護司、教誨師、薬物乱用防止指導員、家庭裁判所調停委員などをつとめる。天理教東濵名分教会前会長。

お世話取りに悩む前に読む
統合失調症　依存症のおたすけ

立教186年（令和5年）6月25日初版第1刷発行

著　者　廣岡文衛・鈴木顕太郎
発行者　永尾教昭
発行所　図書出版　養徳社
〒632-0016
奈良県天理市川原城町388
電話（0743)-62-4503
振替　00990-3-17694
印刷・製本　（株）天理時報社
〒632-0083
奈良県天理市稲葉町80

ISBN 978-4-8426-0136-6